DES MODIFICATIONS

Apportées par la Loi du 25 Mars 1896

AUX

DROITS SUCCESSORAUX

DES

ENFANTS NATURELS RECONNUS

THÈSE POUR LE DOCTORAT

PAR

H. MICHEL-DANSAC

PARIS

LIBRAIRIE NOUVELLE DE DROIT ET DE JURISPRUDENCE

ARTHUR ROUSSEAU

ÉDITEUR

14, RUE SOUFFLOT ET RUE TOULLIER, 13

1898

[illegible]

[illegible]

[illegible]

[illegible]

[illegible]

[illegible]

THÈSE

POUR LE DOCTORAT

DES MODIFICATIONS

Apportées par la Loi du 25 Mars 1896

AUX

DROITS SUCCESSORAUX

DES

ENFANTS NATURELS RECONNUS

THÈSE POUR LE DOCTORAT

L'ACTE PUBLIC SUR LES MATIÈRES CI-APRÈS
Sera soutenu le 18 juin 1898 à une heure

PAR

H. MICHEL-DANSAC

Président : M. Léon MICHEL
Suffragants { MM. LE POITTEVIN } *professeurs*
{ PLANIOL }

PARIS

LIBRAIRIE NOUVELLE DE DROIT ET DE JURISPRUDENCE
ARTHUR ROUSSEAU
ÉDITEUR
14, RUE SOUFFLOT ET RUE TOULLIER, 13

1898

DES

Modifications apportées par la loi de 1896

AU

DROIT SUCCESSORAL DES ENFANTS NATURELS

INTRODUCTION

Avant d'aborder l'étude de la situation faite à l'enfant naturel reconnu dans la succession des père et mère par la loi du 15 mars 1896, étude qui doit faire l'unique objet de ce travail, il est indispensable de jeter un rapide coup d'œil sur l'état antérieur de la législation.

On comprend, que dans une législation qui prend pour base de la société la famille légitime, il soit fort difficile d'assigner une place, et de reconnaître des droits à un enfant qui n'est rattaché à ses auteurs que par le lien du sang.

L'écarter complètement de la succession, paraît blesser tout sentiment de justice, et semble frapper un innocent pour la faute de ses parents ; mais d'autre part, le faire participer sous une mesure restreinte aux biens patrimoniaux sur lesquels la famille a seule le droit de compter, paraît une atteinte portée aux prérogatives de la légitimité, et peut, dans une certaine mesure, discréditer l'union légitime au profit de l'union libre.

Dans notre ancien droit, les bâtards ne se succèdent pas. Etant sans famille, ils ne pouvaient exercer les droits que la loi attribue à ceux qui seuls en font partie. Cette règle, énoncée dans la Coutume de Paris, formait le droit commun de la France.

Certaines coutumes toutefois s'écartèrent de ce principe et se montraient plus favorables aux enfants naturels. Nul n'est bâtard de par sa mère, disait la coutume de Flandre, et en conséquence, elle admettait l'enfant naturel à la succession de sa mère et de ses parents maternels.

Mais cette faveur était critiquée par la plupart de nos anciens légistes comme blessant, suivant eux, l'honnêteté publique.

Ce ne fut qu'au XVIIIe siècle qu'une violente réaction s'éleva contre ces règles, qui semblaient barbares et contraires à toutes les lois de la nature.

Combacérès soutint éloquemment la cause des enfants naturels. Enfin, la loi du 11 brumaire, an II, posa le principe de l'égalité absolue entre les enfants naturels et les enfants légitimes. Elle ne fit exception que pour les enfants adultérins, auxquels elle accorda, à titre d'aliments, le tiers de la part à laquelle ils eussent eu droit, s'ils étaient nés d'une union légitime.

Tout en proclamant le respect dû au mariage légitime, Combacérès soutenait qu'il ne pensait pas que ce respect dût aller jusqu'à détruire la loi de la nature, qui veut l'égalité entre tous ses enfants.

Le Code civil, en présence de ces deux systèmes si diamétralement opposés, celui de notre ancien droit, ne faisant aucune place au bâtard dans la succession, et celui du droit révolutionnaire lui accordant les mêmes droits qu'à l'enfant légitime, s'est flatté d'éviter les critiques que l'on pouvait adresser à l'un et à l'autre de ces systèmes absolus en adoptant une solution d'intermédiaire.

Il a reconnu aux enfants naturels une partie seulement des droits accordés à l'enfant légitime, tout en refusant cependant aux premiers la qualité d'héritiers, et en ne leur donnant que celle de successeurs irréguliers. Il les a en outre frappés de l'incapacité de recevoir par donation ou dispositions testamentaires plus qu'il ne leur accordait dans la succession *ab intestat,* et a enfin permis à leur auteur de les écarter de la succession, en leur donnant de son vivant une partie seulement de ce à quoi ils auraient eu droit à sa mort.

Cette législation, compromis entre les deux systèmes admis antérieurement, devait à la fois être en butte aux critiques, et, des partisans de l'égalité absolue invoquant les lois de la nature, et des partisans de l'exclusion, invoquant le respect dû à la famille, et la sauvegarde de la société.

Un mouvement d'opinion très marqué en faveur des enfants naturels appela le législateur à se préoccuper à nouveau de la question. Le théâtre, les lettres, présentaient l'enfant naturel comme un paria de la société, victime des préjugés sociaux. C'est à ce mouvement qu'est dû la loi du 15 Mars 1896.

Cette loi n'a qu'assez faiblement amélioré la condition de l'enfant naturel. Elle part toujours du même principe de conciliation entre les deux systèmes absolus de l'exclusion complète et de l'assimilation.

Elle a d'abord reconnu à l'enfant naturel la qualité d'héritier qui lui était refusée par le Code. Elle l'a désormais dispensé des formalités que doivent remplir les successeurs irréguliers, et l'a pourvu de la saisine légale. Elle a d'autre part augmenté la qualité des droits que le Code lui avait accordés, et lui a donné la succession en totalité en présence des collatéraux priviliégés.

Elle a en partie aboli les incapacités de recevoir dont l'enfant naturel était frappé, et lui a donné une réserve.

Ce sont ces réformes qui vont faire l'objet de notre étude. Nous la limiterons aux modifications apportées par la loi de 1896 aux institutions du Code civil. Nous laisserons donc de côté tous les points sur lesquels aucun changement ne s'est produit.

Mais nous aurons à examiner les conséquences nécessaires que ces règles nouvelles ont introduites dans l'ensemble du Code. Ces conséquences ne seront pas expressément indiquées par elles : peut-être même le législateur aurait-il reculé devant ces dispositions s'il en avait soupçonné la gravité.

LOI

RELATIVE AUX DROITS DES ENFANTS NATURELS

Dans la succession de leurs père et mère.

Le Sénat et la Chambre des députés ont adopté.

Le Président de la République promulgue la loi dont la teneur suit :

Article Premier. — Il est créé au chapitre III du titre Ier du livre III du Code civil une section VI avec le titre. « Des successions déférées aux enfants naturels légalement reconnus et des droits de leurs père et mère dans leur succession. »

Cette section VI contiendra les articles suivants :

« Art. 756. — La loi n'accorde de droits aux enfants naturels sur les biens de leurs père ou mère décédés que lorsqu'ils ont été légalement reconnus. Les enfants naturels légalement reconnus sont appelés en qualité d'héritiers à la succession de leur père ou de leur mère décédés.

« Art. 757. — La loi n'accorde aucun droit aux enfants naturels sur les biens des parents de leur père ou de leur mère.

« Art. 758. — Le droit héréditaire de l'enfant naturel dans la succession de ses père ou mère est fixé ainsi qu'il suit :

« Si le père ou la mère a laissé des descendants légitimes, ce droit est de la moitié de la portion héréditaire qu'il aurait eue s'il eût été légitime.

« Art. 759. — Le droit est des trois quarts, lorsque les père ou mère ne laissent pas de descendants, mais bien des ascendants ou des frères ou sœurs, ou des descendants légitimes de frères ou sœurs.

« Art. 760. — L'enfant naturel a droit à la totalité des biens lorsque ses père ou mère ne laissent ni descendants, ni ascendants, ni frères ou sœurs, ni descendants légitimes de frères ou sœurs.

« Art. 761. — En cas de prédécès des enfants naturels, leurs enfants et descendants peuvent réclamer les droits fixés par les articles précédents.

« Art. 762. — Les dispositions des articles 756, 758, 759 et 760 ne sont pas applicables aux enfants adultérins ou incestueux.

« La loi ne leur accorde que des aliments.

« Art. 763. — Ces aliments sont réglés eu égard aux facultés du père et de la mère, au nom et à la qualité des héritiers légitimes.

« Art. 764. — Lorsque le père ou la mère de l'enfant adultérin ou incestueux lui auront fait apprendre un art mécanique, ou lorsque l'un d'eux lui aura assuré des aliments de son vivant, l'enfant ne pourra élever aucune réclamation contre leur succession.

« Art. 765. — La succession de l'enfant naturel décédé sans postérité est dévolue à la mère ou au père qui l'a reconnu, ou par moitié, à tous les deux, s'il a été reconnu par les deux. »

Les articles 756 et 765 du Code civil sont abrogés.

Art. 2. — La section 1re du chapitre IV du titre 1er du livre III est intitulée : « Des droits des frères et sœurs sur les biens des enfants naturels. »

Elle contiendra l'article 766 du Code civil :

« Art. 766. — En cas de prédécès des père et mère de l'enfant naturel décédé sans postérité, les biens qu'il en avait reçus passent aux frères et sœurs légitimes s'ils se retrouvent en nature dans la succession ; les actions en reprises, s'il en existe, ou le prix des biens aliénés, s'il en est encore dû, retournent également aux frères et sœurs légitimes. Tous les autres biens passent aux frères et sœurs naturels ou à leurs descendants. »

ART. 3. — L'article 908 du Code Civil est modifié ainsi qu'il suit :

« ART. 908. — Les enfants naturels légalement reconnus ne pourront rien recevoir par donation entre-vifs au-delà de ce qui leur est accordé au titre des successions. Cette incapacité ne pourra être invoquée que par les descendants du donateur, par ses acendants, par ses frères et sœurs et les descendants légitimes de ses frères et sœurs.

« Le père ou la mère qui les ont reconnus pourront leur léguer tout ou partie de la quotité disponible, sans toutefois qu'en aucun cas, lorsqu'ils se trouvent en concours avec des descendants légitimes, un enfant naturel puisse recevoir plus qu'une part d'enfant légitime le moins prenant.

« Les enfants adultérins ou incestueux ne pourront rien recevoir par donation entre vifs ou par testament au-delà de ce qui leur est accordé par les articles 762, 763 et 764. »

ART. 4. — Il est ajouté à l'article 913 du Code civil un paragraphe 2, ainsi conçu :

« L'enfant naturel légalement reconnu a droit à une réserve. Cette réserve est une quotité de celle qu'il aurait eue s'il eût été légitime, calculée en observant la proportion qui existe entre la portion attribuée à l'enfant naturel en cas de succession *ab intestat* et celle qu'il aurait eue dans le même cas s'il eût été légitime. »

Il est ajouté au même article 913 un troisième paragraphe, reproduisant l'article 914 du Code civil, modifié ainsi qu'il suit :

« Sont compris dans le présent article, sous le nom d'en-. fants, les descendants en quelque degré que ce soit. Néanmoins ils ne sont comptés que pour l'enfant qu'ils représentent dans la succession du disposant. »

L'article 915 du Code civil prendra le numéro 914.

ART. 5. — L'article 915 (nouveau) sera libellé ainsi qu'il suit :

« ART. 915. — Lorsque, à défaut d'enfants légitimes, le défunt laisse à la fois un ou plusieurs enfants naturels et des ascendants dans les deux lignes ou dans une seule, les libéralités par acte entre vifs et par testament ne pourront excéder la moitié des biens du disposant s'il n'y a qu'un enfant naturel, le tiers s'il y en a deux, le quart s'il y en a trois ou un plus grand nombre. Les biens ainsi réservés seront recueillis par les ascendants jusqu'à concurrence d'un huitième de la succession, et le surplus par les enfants naturels.

ART. 6. — Les articles 723 et 724 du Code civil sont modifiés ainsi qu'il suit :

« ART. 723. — La loi règle l'ordre de succéder entre les héritiers légitimes et les héritiers naturels. A leur défaut, les biens passent à l'époux survivant, et, s'il n'y en pas, à l'État.

« ART. 724. — Les héritiers légitimes et les héritiers naturels sont saisis de plein droit des biens, droits et actions du défunt, sous l'obligation d'acquitter toutes les charges de la succession. L'époux survivant et l'État doivent se faire envoyer en possession. »

ART. 7. — L'art. 773 du Code civil est abrogé.

ART. 8. — L'article 53 de la loi des 28 avril — 4 mai 1816 est modifié ainsi qu'il suit :

« L'enfant naturel légalement reconnu, appelé à la succession *ab intestat* ou testamentaire de son auteur, sera considéré, quant à la quotité du droit, comme enfant légitime. »

DISPOSITION TRANSITOIRE

Art. 9. — Toute réclamation sera interdite à l'enfant naturel lorsqu'il aura reçu du vivant de ses père et mère, avant la date de la promulgation de la présente loi, la moitié de ce qui lui est attribué par les articles 758, 759, 760 et 761 précédents, avec déclaration expresse de leur père et mère que leur intention est de réduire l'enfant naturel à la portion qu'ils lui ont assignée. Dans le cas où cette portion serait inférieure à la moitié de ce qui devrait revenir à l'enfant naturel, il ne pourra réclamer que le supplément nécessaire pour parfaire cette moitié.

En ce qui concerne le calcul de la réserve des enfants naturels, la présente loi sera applicable à toutes les libéralités faites antérieurement à sa promulgation.

Art. 10. — La présente loi est applicable à toutes les colonies où le Code civil a été promulgué.

La présente loi délibérée et adoptée par le Sénat et par la Chambre des députés, sera exécutée comme loi de l'État.

Fait à Paris, le 25 mars 1896.

Félix Faure

Par le Président de la République :

Le Garde des Sceaux, Ministre de la Justice,

L. Ricard.

TABLEAU COMPARATIF indiquant les modifications apportées au texte du Code Civil par la loi du
25 mars 1896.

TEXTE ANCIEN	TEXTE NOUVEAU
Art. 723.	**Art. 723.**
La loi règle l'ordre de succéder entre les héritiers légitimes. A leur défaut, les biens passent *aux enfants naturels, ensuite à* l'époux survivant et, s'il n'y en pas, à l'État.	La loi règle l'ordre de succéder entre les héritiers légitimes *et les héritiers naturels.* A leur défaut les biens passent à l'époux survivant et, s'il n'y en a pas, à l'Etat.
Art. 724.	**Art. 724.**
Les héritiers légitimes sont saisis de plein droit des biens, droits et actions du défunt, sous l'obligation d'acquitter toutes les charges de la succession. *Les enfants naturels,* l'époux survivant et l'Etat doivent se faire envoyer en possession *par justice dans les formes qui seront déterminées.*	Les héritiers légitimes *et les héritiers naturels* sont saisis de plein droit des biens, droits et actions du défunt sous l'obligation d'acquitter toutes les charges de la succession. L'époux survivant et l'Etat doivent se faire envoyer en possession.

LIVRE III. TITRE I.

CHAPITRE IV

DES SUCCESSIONS IRRÉGULIÈRES

Section I.

Des droits des enfants naturels sur les biens de leur père ou mère, et de la succession aux enfants naturels décédés sans postérités.

Art. 756.

Les enfants naturels ne sont point héritiers.

La loi ne *leur* accorde de droits sur les biens de leur père ou mère décédés, que lorsqu'ils ont été légalement reconnus.

Elle ne *leur* accorde aucun droit sur les biens des parents de leur père ou mère.

Art. 757.

Le droit de l'enfant naturel *sur les biens* de ses père ou mère *décédés* est *réglé* ainsi qu'il suit :

Si le père ou la mère a laissé des descendants légitimes, ce droit est *d'un tiers* de la portion héréditaire que *l'enfant naturel* aurait eue s'il eut été légitime.

Il est de la moitié lorsque les père ou mère ne laissent pas de descendants, mais bien des ascendants ou des frères et sœurs.

Il est des trois-quarts lorsque les père ou mère ne laissent ni descendants, ni ascendants, ni frères, *ni* sœurs.

LIVRE III. TITRE I

CHAPITRE III

DES DIVERS ORDRES DE SUCCESSION

Section VI.

Des successions déférées aux enfants naturels légalement reconnus et des droits de leurs père et mère dans leur succession.

Art. 756.

La loi n'accorde de droits *aux enfants naturels* sur les biens de leurs père ou mère décédés que lorsqu'ils ont été légalement reconnus.

Les enfants naturels légalement reconnus sont appelés en qualité d'héritiers à la succession de leur père ou de leur mère décédés.

Art. 757.

La loi n'accorde aucun droit *aux enfants naturels* sur les biens des parents de leur père ou *de leur* mère.

Art. 758.

L'enfant naturel a droit à la totalité des biens lorsque ses père ou mère ne laissent pas de parents au degré successible.

Art. 759.

En cas de prédécès *de l'enfant naturel ses* enfants ou descendants peuvent réclamer les droits fixés par les articles précédents.

Art. 760.

L'enfant naturel ou ses descendants sont tenus d'imputer sur ce qu'ils ont droit de prétendre, tout ce qu'ils ont reçu du père ou de la mère dont la succession est ouverte et qui serait sujet à rapport d'après les règles établies à la section II du chapitre IV du présent titre.

Art. 761.

Toute réclamation *leur est* interdite, lorsqu'*ils ont* reçu du vivant de *leur* père *ou de leur* mère la moitié de ce qui *leur* est attribué par les articles précédents avec déclaration expresse de la part *de leur* père

Art. 758.

Le droit *héréditaire* de l'enfant naturel *dans la succession* de ses père ou mère est *fixé* ainsi qu'il suit :

Si le père ou la mère a laissé des descendants légitimes, ce droit est de *la moitié* de la portion héréditaire qu'*il* aurait eue s'il eût été légitime.

Art. 759.

Le droit est des trois quarts, lorsque les père ou mère ne laissent pas de descendants mais bien des ascendants ou des frères ou sœurs *ou des descendants légitimes de frères ou sœurs.*

Art. 760.

L'enfant naturel a droit à la totalité des biens lorsque ses père ou mère ne laissent ni descendants, ni ascendants, ni frères ou sœurs, *ni descendants légitimes de frères ou sœurs.*

Art. 761.

En cas de prédécès *des enfants naturels, leurs* enfants et descendants peuvent réclamer les droits fixés par les articles précédents.

(Art. 9. Loi du 25 mars 1896. Disposition transitoire.)

ou de leur mère que leur intention est de réduire l'enfant naturel à la portion qu'ils lui ont assignée. Dans le cas où cette portion serait inférieure à la moitié de ce qui devrait revenir à l'enfant naturel, il ne pourra réclamer que le supplément nécessaire pour parfaire cette moitié.

Toute réclamation *sera* interdite *à l'enfant naturel* lorsqu'*il aura* reçu du vivant de *ses* père et mère *avant la date de la promulgation de la présente loi*, la moitié de ce qui *lui* est attribué par les articles 7*58*, 7*59*, 7*60* et 7*61* précédents, avec déclaration expresse de *ses* père et mère que leur intention est de réduire l'enfant naturel à la portion qu'ils lui ont assignée. Dans le cas où cette portion serait inférieure à la moitié de ce qui devrait revenir à l'enfant naturel, il ne pourra réclamer que le supplément nécessaire pour parfaire cette moitié.

Art. 762.

Les dispositions des articles 757 et 758, ne sont pas applicables aux enfants adultérins ou incestueux. La loi ne leur accorde que des aliments.

Art. 762.

Les dispositions des articles 756, 758, 759 et 760, ne sont pas applicables aux enfants adultérins ou incestueux. La loi ne leur accorde que des aliments.

Art. 763.

Ces aliments sont réglés eu égard aux facultés du père *ou* de la mère, au nombre et à la qualité des héritiers légitimes.

Art. 763.

Ces aliments sont réglés eu égard aux facultés du père *et* de la mère, au nombre et à la qualité des héritiers légitimes.

Art. 764.

Lorsque le père ou la mère de l'enfant adultérin ou incestueux lui auront fait apprendre un art mécanique ou lorsque l'un d'eux lui aura assuré des

Art. 764.

Lorsque le père ou la mère de l'enfant adultérin ou incestueux lui auront fait apprendre un art mécanique ou lorsque l'un d'eux lui aura assuré des aliments de son vivant, l'enfant ne pourra élever aucune réclamation contre leur succession.

Art. 765.

La succession de l'enfant naturel décédé sans postérité est dévolue au père ou à la mère qui l'a reconnu ou par moitié à tous les deux, s'il a été reconnu par *l'un et par l'autre*.

Art. 766.

En cas de précédès des père et mère de l'enfant naturel, les biens qu'il en avait reçus, passent aux frères *ou* sœurs légitimes, s'ils se retrouvent en nature dans la succession ; les actions en reprise, s'il en existe, ou le prix *de ces* biens aliénés s'il est encore dû, retournent également aux frères et sœurs légitimes. Tous les autres biens passent aux frères et sœurs naturels ou à leurs descendants.

Art. 773.

Les dispositions des articles 769, 770, 771 et 772, sont communes aux enfants naturels appelés à défaut de parents.

---

aliments de son vivant, l'enfant ne pourra élever aucune réclamation contre leur succession.

Art. 765.

La succession de l'enfant naturel décédé sans postérité est dévolue au père ou à la mère qui l'a reconnu, ou par moitié à tous les deux, s'il a été reconnu par *les deux*.

CHAPITRE IV

DES SUCCESSIONS IRRÉGULIÈRES

Section I.

Des droits des frères et sœurs sur les biens des enfants naturels.

Art. 766.

En cas de prédécès des père et mère de l'enfant naturel *décédé sans postérité*, les biens qu'il en avait reçus passent aux frères *et* sœurs légitimes, s'ils se retrouvent en nature dans la succession ; les actions en reprise, s'il en existe, ou le prix des biens aliénés, s'il *en* est encore dû, retournent également aux frères et sœurs légitimes. Tous les autres biens passent aux frères et sœurs naturels ou à leurs descendants.

Art. 773.

(Abrogé. Loi du 25 mars 1896, art. 8).

Art. 908.

Les enfants naturels ne pourront par donation *ou testament* rien recevoir au-delà de ce qui leur est accordé au titre des successions.

Art. 908.

Les enfants naturels légalement reconnus ne pourront rien recevoir par donation *entre vifs* au-delà de ce qui leur est accordé au titre des successions.
Cette incapacité ne pourra être invoquée que par les descendants du donateur, par ses frères et sœurs et par les descendants légitimes de ses frères et sœurs.

Le père ou la mère qui les ont reconnus pourront leur léguer tout ou partie de la quotité disponible, sans toutefois qu'en aucun cas, lorsqu'ils se trouvent en concours avec des descendants légitimes, un enfant naturel puisse recevoir plus qu'une part d'enfant légitime le moins prenant.

Les enfants adultérins ou incestueux ne pourront rien recevoir par donation entre vifs ou par testament au delà de ce qui leur est accordé par les articles 762, 763, et 764.

Art. 913.

Les libéralités, soit par acte entre vifs, soit par testament, ne pourront excéder la moitié des biens du disposant, s'il ne laisse à son décès qu'un enfant légitime, le tiers s'il laisse deux enfants, le quart s'il en laisse trois ou un plus grand nombre.

Art. 913.

Les libéralités soit par acte entre vifs, soit par testament, ne pourront excéder la moitié des biens du disposant, s'il ne laisse à son décès qu'un enfant légitime, le tiers s'il laisse deux enfants : le quart s'il en laisse trois ou un plus grand nombre.
L'enfant naturel légalement reconnu a droit à une réserve. Cette réserve est une quotité de celle qu'il aurait eue, s'il eût été légi-

time, calculée en observant la proportion qui existe entre la portion attribuée à l'enfant naturel en cas de succession ab intestat et celle qu'il aurait eue dans le même cas s'il eût été légitime.

Sont compris dans le *présent* article, sous le nom d'enfants, les descendants en quelque degré que ce soit. Néanmoins, ils ne sont comptés que pour l'enfant qu'ils représentent dans la succession du disposant.

Art. 914.

Sont compris dans l'article *précédent*, sous le nom d'enfants, les descendants en quelque degré que ce soit. Néanmoins ils ne sont comptés que pour l'enfant qu'ils représentent dans la succession du disposant.

Art. 914.

Les libéralités par actes entre vifs ou par testament, ne pourront excéder la moitié des biens si, à défaut d'enfants, le défunt laisse un ou plusieurs ascendants dans chacune des lignes paternelle et maternelle et les trois quarts, s'il ne laisse d'ascendants que dans une ligne.

Les biens ainsi réservés au profit des ascendants, seront par eux recueillis dans l'ordre où la loi les appelle à succéder; ils auront seuls droit à cette réserve, dans tous les cas où un partage en concurrence avec des collatéraux ne leur donnerait pas la quotité de biens à laquelle elle est fixée.

Art. 915.

Les libéralités, par actes entre vifs ou par testament, ne pourront excéder la moitié des biens si, à défaut d'enfant, le

Art. 915.

Lorsque, à défaut d'enfants légitimes, le défunt laisse à la fois un ou plusieurs enfants naturels et des ascendants dans les deux

défunt laisse un ou plusieurs ascendants dans chacune des lignes paternelle et maternelle et les trois quarts, s'ils ne laisse d'ascendants que dans une ligne.

Les biens ainsi réservés au profit des ascendants, seront par eux recueillis dans l'ordre où la loi les appelle à succéder ; ils auront seuls droit à cette réserve, dans tous les cas où un partage en concurrence avec des collatéraux ne leur donnerait pas la quotité de biens à laquelle elle est fixée.

lignes ou dans une seule, les libéralités par actes entre vifs et par testament ne pourront excéder la moitié des biens du disposant s'il n'y a qu'un enfant naturel, le tiers s'il y en a deux, le quart s'il y en a trois ou un plus grand nombre. Les biens ainsi réservés seront recueillis par les ascendants jusqu'a concurrence d'un huitième de la succession, et le surplus par les enfants naturels.

CHAPITRE PREMIER

DROITS DES ENFANTS NATURELS RECONNUS DANS LA SUC-
CESSION DE LEUR PÈRE ET MÈRE, MORTS INTESTAT ET
SANS AVOIR FAIT DE LIBÉRALITÉS ENTRE-VIFS

SECTION I

Nature du Droit successoral des enfants naturels.

C'est à titre d'héritiers que la nouvelle loi appelle les enfants naturels reconnus, à la succession de leur père et mère.

« La loi règle l'ordre de succéder entre les héritiers légitimes et les héritiers naturels. A leur défaut les biens passent à l'époux survivant et à l'Etat » Article 723.

Le Code civil leur avait refusé cette qualité. La démarcation qu'il avait établie entre l'enfant naturel et l'enfant légitime était formellement exprimée par l'ancien article 756. « Les enfants naturels ne sont point héritiers. »

Le législateur avait voulu détruire l'assimilation

complète que le droit intermédiaire avait admise entre les enfants nés d'une union légitime et ceux nés d'une union libre.

Malgré les termes formels de l'article 756, la doctrine et la jurisprudence étaient cependant d'accord pour étendre aux enfants naturels presque toutes les prérogatives dont ils auraient pu se prévaloir s'ils avaient eu le titre d'héritiers. Et si cela pouvait sembler contraire à la lettre de l'article 756, la place même occupée par les articles qui fixent les droits des enfants naturels au titre des successions, et l'article 757 qui parle de la part héréditaire de l'enfant naturel, enfin l'article 723 qui lui attribue l'universalité de la succession de ses père et mère à défaut d'héritiers légitimes, justifiaient pleinement cette interprétation.

Quelques auteurs avaient cependant soutenu que l'enfant naturel n'avait qu'un droit de créance, et cette opinion avait pendant un certain temps, fixé la jurisprudence (1). Mais elle avait en doctrine perdu très vite ses partisans.

____

(1) Loiseau et Merlin avaient soutenu cette opinion. Ils considéraient l'enfant naturel comme créancier des héritiers légitimes, mais pensaient que cette créance d'une nature particulière ne devait pas être confondue avec les créances ordinaires. C'était la créance de la portion héréditaire ; de nature *Mixte : personnelle*, en ce qu'elle est dirigée contre l'héritier, *réelle*, en ce

La loi nouvelle a fait passer les enfants naturels de la catégorie des successeurs irréguliers dans celle des héritiers.

Cette innovation a déterminé certaines modifications au classement des articles du code. Les successions irrégulières ne comprennent plus que le conjoint et l'Etat ; la succession déférée aux enfants naturels et les droits de leurs père et mère forment une section VI ajoutée au chapitre III intitulé des divers ordres de succession.

La transformation de la nature des droits héréditaires de l'enfant naturel, n'améliore pas sensiblement sa condition ; car, nous l'avons dit, la doctrine et la jurisprudence leur accordaient en fait sinon en droit la qualité d'héritier (1). On peut dire que la loi nouvelle n'a fait que supprimer l'antinomie qui existait entre les termes employés par le Code et la situation de fait qui leur était reconnue.

Le véritable intérêt de la loi à cet égard est de

qu'elle porte sur la portion de biens adjugée par la loi à l'enfant naturel.

A voir un arrêt de la Cour de Bordeaux (21 mars 1856. Sir. 57-2-173) assimilait l'enfant naturel au légataire universel, et on lui attribuait les fruits qu'à compter de la demande en délivrance. Le Code ne lui reconnaît qu'une sorte de droit de créance.

C'est la doctrine qu'avait proposé la Cour de cassation dans un arrêt du 22 mars 1841 (Sirey, 41-1-453).

(1) Demolombe, xiv, 232. Marcadé, art. 773. Laurent, ix, n° 251. Aubry-Rau, ix, § 640. Demante, iii, n° 80 *bis*.

lever définitivement les scrupules que quelques tribunaux pouvaient encore conserver.

Les enfants naturels, désormais héritiers, pourront donc prétendre à leur part de succession en nature, et, dans ce but, provoquer le partage, en demander la nullité pour les mêmes causes qu'un héritier légitime (1). Il n'y aura plus d'hésitation à déclarer nuls un partage d'ascendants dans lequel ils auraient été omis, et tout pacte qu'ils auraient pu faire sur la succession future de leurs auteurs (2).

Ils pourront, comme tous autres héritiers, revendiquer les biens de la succession entre les mains des tiers et poursuivre le recouvrement des créances héréditaires dans la mesure de leur droit successoral.

Ils auront encore le droit d'exiger le rapport des dons et legs, de profiter des fruits de l'accroissement survenu à l'actif partageable, et d'exercer le retrait successoral.

Et, sur ce point d'ailleurs, la majorité des auteurs et la jurisprudence étaient d'accord : les enfants naturels pourront demander l'envoi en pos-

_____

(1) Demolombe, xiv, n° 30. Demante, iii, n° 74 *bis*. Cass. 2, mars 1875. D. P. 75-1-153.

(2) En ce sens. Aubry et Rau, viii, § 730, n° 5. Baudry et Wahl. i, n° 626. *Contra.* Dalloz, Rep. Dispositions entre vifs n° 4460. Duranton et Troplong. Demolombe, xiv, 33.

session des biens de leur père et mère déclarés absents.

Enfin, l'article 1013 du Code de procédure civile qui déclare nul le compromis fait par une personne qui meurt en laissant parmi ses héritiers un mineur, recevra son application même si ce mineur est un enfant naturel. La doctrine avait déjà adopté cette solution que la jurisprudence hésitait encore à admettre (1).

La nouvelle qualité accordée expressément aux enfants naturels entraîne avec elle des charges qui lui sont inhérentes.

On admettait avant la nouvelle loi que l'enfant naturel n'était tenu comme successeur irrégulier *qu'intra vires successionis* : il ne représentait pas en effet la personne du défunt, et il ne devait en payer les dettes qu'en raison du principe d'équité *Bona non intelliguntur nisi deducto ære alieno*; c'est-à-dire jusqu'à concurrence de ce qu'il receuillait (2).

Aujourd'hui, la solution contraire doit être nécessairement admise. Héritier dans l'acceptation complète du mot, il ne peut échapper au paiement

(1) Sic, Demolombe, xiv, n° 43. Baudry et Wahl, n° 638. *Contra*, Paris, 10 nov. 1835. Trib. Civil, Seine, 5 février 1857. Dalloz, Rep. *Succession,* 592 et 602.

(2) Sic, Aubry et Rau, vi, § 639, note 23. *Contra*, Demolombe, xiii, n° 160 et xiv, n° 45. Sic. Campistron.

des dettes *ultra vires* que par l'acceptation bénéficiaire (1).

Jusqu'ici nous n'avons pas vu la situation de l'enfant naturel vraisemblablement améliorée dans la loi nouvelle par la concession du titre d'héritier, puisque les avantages que ce titre lui confère lui étaient déjà presque tous accordés sans conteste.

Mais, la loi de 1896, en attribuant à l'enfant naturel la qualité d'héritier, lui a aussi accordé la saisine légale et c'est là véritablement la plus intéressante innovation qui résulte de son nouveau titre.

La saisine légale lui est en effet expressément concédée par l'article 724.

« Les héritiers légitimes et les héritiers naturels sont saisis de plein droit des biens droits et actions du défunt sous l'obligation d'acquitter toutes les charges de la succession ». (art 724).

L'enfant naturel pourra désormais se mettre lui-même en possession des biens héréditaires sans remplir aucune des formalités auxquels il était soumis antérieurement. Exempt ainsi des obligations (2) imposées par le Code aux succes-

----

(1) Sic, Campistron.

(2) On devait apposer les scellés, faire inventaire dans les formes des acceptations bénéficiaires, demander au tribunal un envoi en possession après publicité nécessaire.

seurs irréguliers, il n'aura plus besoin de faire emploi du mobilier ni de donner une caution suffisante pour en assurer la restitution au cas où dans les trois ans il se présenterait d'autres héritiers du défunt. On pourrait facilement critiquer cette exigence de la loi, car le mode de protection qu'elle apportait aux héritiers légitimes ne leur était, comme on l'a dit au Sénat, d'aucune utilité, et pouvait causer au contraire un préjudice très sensible à l'enfant naturel en raison des lenteurs et des frais qu'elle entraînait. Il avait, en outre, l'inconvénient de la mettre dans la nécessité toujours fâcheuse de donner de la publicité à l'irrégularité de son état civil.

Sa situation gagnera donc à ce nouvel état de choses, tant au point de vue pratique qu'au point de vue moral.

Il reste d'ailleurs, comme un héritier légitime tenu, de faire apposer les scellés lorsqu'il se trouve en présence de cohéritiers mineurs ou interdits et soumis dans cette même hypothèse à la confection d'un inventaire. S'il venait même à contrevenir à cette formalité, l'enfant naturel serait déchu de pouvoir accepter sous bénéfice d'inventaire.

Mais comme un héritier, toutes les obligations qu'avaient contractées le défunt, deviennent les siennes propres. Il peut être immédiatement poursuivi par tous ceux qui ont des droits à faire valoir sur la succession, et ne peut leur opposer que l'exception dilatoire.

La prise de possession des biens héréditaires par l'enfant naturel rendra irrévocable la renonciation qu'aurait faite un héritier du défunt. L'art. 790 permet en effet à un héritier qui a renoncé, de revenir sur sa décision, sous la double condition que son droit héréditaire ne soit pas prescrit et qu'aucun héritier n'ait encore accepté la succession (1).

L'enfant naturel, saisi, se mettant seul en possession, remplit cette condition et crée ainsi à l'héritier renonçant une situation qu'il n'avait pas à redouter sous l'empire du code.

Devenu un véritable héritier l'enfant naturel sera soumis, au point de vue de la prescription des droits héréditaires, à la règle posée dans l'article 789. Suivant qu'avec la doctrine (2) on admet que l'héritier saisi est définitivement héritier s'il a laissé passer trente ans sans prendre parti, l'enfant naturel sera définitivement héritier à l'expiration de ce délai.

Si l'on admet au contraire avec la jurisprudence que c'est la vocation héréditaire elle-même qui

(1) Demolombe, xiv, n° 315. Marcadé, art. 789.
Demante, iii, n° 110 *bis*.
(2) Demolombe, xiii, 156.

est prescrite après trente ans, il deviendra alors complètement étranger à la succession.

Comme conséquence de la transformation de la nature des droits héréditaires de l'enfant naturel, il nous reste à mentionner ici l'art. 8 de la loi, qui porte : « L'art. 53 de la loi du 28 avril — 4 mai 1816 : est modifié ainsi qu'il suit. L'enfant naturel légalement reconnu sera considéré quant à la quotité du droit comme enfant légitime ». — L'enfant naturel, antérieurement, en raison de son caractère de non-parenté, était assimilé à un étranger pour les droits de mutation. Mais la jurisprudence (1) interprétait cette décision dans un sens très avantageux pour lui ; et lorsqu'il venait en concours avec des héritiers légitimes, ou qu'il était appelé par testament, il ne devait que les droits de mutation perçus en ligne directe, soit 1 0/0. — L'art. 8 décide, qu'à l'avenir les droits de mutation seront identiquement perçus pour un enfant naturel que pour un enfant légitime. C'est consacrer les tendances de la jurisprudence.

La nature des droits héréditaires est ainsi transformée au profit des enfants naturels. Ils sont à ce point de vue complètement assimilés aux héritiers légitimes.

____

(1) Dalloz. *Code Enregistrement*, p. 503.

Mais la loi n'entend-elle conférer qu'à eux seuls parmi les parents naturels la qualité d'héritiers?

Et ne doit-on pas en reconnaître également le titre aux père et mère naturels (1).

On décide généralement que rien n'est modifié quant à ces derniers. Les travaux parlementaires qui constituent les documents les plus sûrs, pour scruter l'intention du législateur, sont muets à ce sujet. Le rapport de M. Dauphin au Sénat ne porte pas la moindre allusion à cette question. C'est pourquoi on conclut que les père et mère de l'enfant naturel resteront ce qu'ils étaient avant la loi, de simples successeurs irréguliers.

L'opinion contraire (2) semble cependant la plus juste et mieux fondée ; et l'examen des textes et la place qu'ils occupent depuis la nouvelle loi tendent à écarter la première solution.

Tout d'abord l'expression héritiers naturels employée par l'article 723 doit être prise dans le même sens que « héritiers légitimes » qui la précède. Or, la locution « héritiers » ne s'applique certainement pas aux seuls descendants, puis-

______

(1) Avant la loi négative. Demolombe, XIV, n° 332. Laurent, IX, n° 261. Demante, III, 72 *bis*. Marcadé, art. 769.

Trib. Seine, 19 décembre 1884. *Gaz. Pal.* 85, supp. 1, 34, 12 juillet 1888. *Gaz. Pal.* 88-2-246.

(2) Avant la loi (en ce sens que les auteurs suivants ne pensent pas que l'envoi en possession soit une conséquence du défaut de saisine.) Aubry et Rau, IV, § 640. Baudry et Wahl, n° 928.

qu'*in fine* l'article ajoute « à leur défaut les biens passent à l'époux survivant et à l'Etat. » Les héritiers comprennent donc l'ensemble des parents appelés à la succession.

L'expression « héritiers naturels » doit donc s'entendre dans le sens aussi large qu'il est permis.

Cette catégorie ne peut d'ailleurs comprendre que les individus rattachés entre eux par le lien légal de la reconnaissance. Et comme les effets de la reconnaissance sont limités à celui dont elle émane, et celui qui en est l'objet, on est amené logiquement à attribuer aux père et mère naturels le même titre que celui des enfants naturels.

Ensuite l'article 765, relatif à la dévolution de la succession des enfants naturels, décédés sans postérité, au père ou à la mère qui l'aura reconnu, a été détaché par la loi nouvelle du chapitre IV, consacré aux successions irrégulières, pour être rattaché au chapitre précédent avec les successions légitimes qui confèrent le bénéfice de la saisine.

Enfin l'article 770 qui impose l'obligation pour les successeurs irréguliers de demander l'envoi en possession s'applique au conjoint et à l'Etat, ce qui semble en dispenser les père et mère naturels.

Nous croyons donc, contrairement à l'opinion

générale, que les père et mère naturels sont compris comme les enfants naturels parmi ceux que le législateur a désignés sous le titre « héritiers naturels » dans l'articl 723.

SECTION II

Quotité des droits héréditaires des enfants naturels.

Le législateur de 1896, partisan de l'assimilation complète de l'enfant naturel à l'enfant légitime au point de vue de la nature du droit successoral, maintint en l'atténuant le principe d'inégalité adopté par le Code pour déterminer la part héréditaire de l'enfant naturel.

L'enfant naturel, d'après le Code civil, n'excluait aucun parent au degré successible, et ne recueillait qu'une fraction très réduite de la part à laquelle il aurait eu droit s'il eût été légitime. Cette fraction était du tiers en présence de descendants, de moitié en présence de collatéraux privilégiés et d'ascendants et des trois quarts s'il ne se trouvait en face que des collatéraux ordinaires.

L'enfant naturel ne recueillait donc la totalité des biens héréditaires qu'en l'absence de parents au degré successible.

Maintenant le principe que l'enfant naturel n'aurait qu'une fraction aliquote de la part qu'il

eut eue s'il avait été légitime, quand il se trouvait
avec des descendants, des ascendants et des collatéraux privilégiés, la loi nouvelle a, d'une part,
angmenté cette fraction et, d'autre part, permis à
l'enfant naturel d'exclure complètement les collatéraux ordinaires.

D'autres systèmes, dus à l'initiative parlemen-
taire, réalisaient, quant à la quotité, l'assimilation
plus ou moins complète entre les deux classes de
descendants.

Bien qu'ils aient été repoussés, il convient de
les mentionner.

Celui de M. Naquet, par exemple, faisait entrer
sans restriction l'enfant naturel dans la famille de
ceux qui l'avaient reconnu, et lui accordait en présence d'héritiers directs comme en présence de collatéraux les mêmes droits qu'à un enfant légitime.

Les arguments donnés en faveur de cette assimilation sont bien connus. Les enfants naturels
et légitimes occupent la même place dans le cœur
de leurs auteurs. N'est-ce pas une injustice de
créer une inégalité légale au profit des enfants
légitimes? L'ordre de la succession *ab intestat,* déterminé d'après l'affection présumée du défunt
doit en être le reflet véritable, et il ne doit pas, en
faveur du mariage, négliger ceux qui ne peuvent
y rattacher leur origine.

Malgré les éloquents plaidoyers de ses défenseurs, le projet tendant à restituer aux enfants naturels les droits héréditaires, que leur avait accordés la législation révolutionnaire, fut repoussé.

Il en fut de même d'un autre projet voté par la Chambre qui avait été soutenu au Sénat par M. Demôle (1). L'enfant naturel en présence d'enfants légitimes ne recueillait toujours qu'une fraction de la part qu'il aurait eue s'il avait été légitime, mais il excluait les frères et sœurs du *de cujus*, et les ascendants n'avaient qu'un droit alimentaire.

Ce fut donc le plus modéré des projets qui réussit, et on se contenta d'améliorer la situation des enfants naturels en augmentant la quote-part de succession qui leur était attribuée. Ces modifications sont rédigées dans les articles 758, 759 et 760.

Art. 758. — Le droit *héréditaire* de l'enfant naturel *dans la succession* de ses père ou mère est *fixé* ainsi qu'il suit :

Si le père ou la mère a laissé des descendants légitimes, ce droit est de *la moitié* de la proportion héréditaire qu'*il* aurait eue s'il eût été légitime.

Art. 759. — *Le droit est des trois quarts*, lorsque les père ou mère ne laissent pas de descendants mais bien des ascendants ou des frères ou sœurs *ou des descendants légitimes de frères ou sœurs.*

Art. 760. — *L'enfant naturel a droit à la totalité*

(1) *J. O. Documents parlementaires*, 1894. Sénat, p. 64.

des biens lorsque ses père ou mère ne laissent ni descendants, ni ascendants, ni frères *ou sœurs, ni descendants légitimes de frères ou sœurs.*

Avant d'étudier ces trois articles dans leur application, il convient tout d'abord de résoudre la question de savoir si c'est la seule présence des héritiers légitimes qui déterminera la part qui devra être attribuée aux enfants naturels ou si l'on ne devra tenir compte, pour fixer la quotité de leurs droits, que de la qualité des héritiers venant réellement à la succession sans tenir compte des renonçants ou indignes.

Cette question que la loi n'a pas tranchée, était déjà discutée sous l'empire du Code civil.

Elle présente, cependant, un grand intérêt.

Le *de cujus*, par exemple, laisse-t-il un enfant légitime, un enfant naturel et un frère, et l'enfant légitime renonce-t-il? Si on tient compte de la situation des héritiers au décès du *de cujus* sans considérer la renonciation survenue postérieurement, l'enfant naturel aura la moitié de la succession (art. 758). Si, au contraire, c'est le concours des héritiers définitivement en présence qui détermine la part de l'enfant naturel, il prendra, dans ce cas, les 3/4 de la succession (art. 759).

Dans une opinion (1) qui veut appliquer les

____

(1) C'est celle que consacre en général la jurisprudence et cer-

textes à la lettre, c'est la qualité des héritiers que le *de cujus a laissés,* qui détermine la situation que les enfants naturels doivent attendre.

C'est le système de la jurisprudence. L'intérêt matériel de la famille légitime est ici en question. Les droits de l'enfant naturel devront être fixés d'après la qualité des membres qui la constituent, qu'ils viennent ou non à sa succession. Il s'agit simplement de considérer si le défunt *laisse,* à son décès, des parents dont le degré successible détermine, selon les articles 758 et suivants, la part de l'enfant naturel.

La doctrine (1) repousse presque unanimement cette solution. On comprend que lorsqu'un enfant naturel entre en concours avec un enfant légitime, on lui applique l'article 758. Mais à supposer qu'il renonce ou qu'il soit indigne de succéder, n'est-ce pas dépasser l'esprit de la loi que de tenir compte de son existence pour diminuer les droits et augmenter, contrairement à l'article 759, la part d'un collatéral privilégié ou d'un ascendant.

Les résultats de ce système semblent donc si contraires à l'esprit même du Code que le légis-

tains auteurs. Aubry et Rau, vi, § 605. Req. 20 avril 1875. D. 75-1-487.

(1) Demolombe, xix, n° 23. Demante iii, 78 *bis.* Laurent, ix, n° 143.

lateur de 1896 est venu, d'ailleurs, fournir un argument de plus pour le repousser.

Pour répondre à l'argument de texte, il suffit de faire remarquer que si, dans de nombreux articles, le mot *laissé* est employé, c'est dans le sens de *laissé comme héritier* (1), art. 746, 748, 749.

D'autre part, l'interprétation littérale conduit à cette singulière conséquence, que dans le cas de renonciation ou d'indignité de tous les héritiers légitimes appelés, l'enfant naturel se verrait enlever par l'État, à titre de biens en déshérence, la portion de la succession réservée à la famille légitime.

Où voit-on ici l'intérêt de la famille légitime ?

Et n'y a-t-il pas contradiction avec ce principe que l'enfant naturel ne doit, d'après la nouvelle loi, jamais être réduit par le concours d'un successeur irrégulier.

Il est certain que, dans cette hypothèse, il a droit à la succession tout entière.

Nous admettrons donc qu'il ne faut tenir compte ni des indignes, ni des renonçants et que la part dévolue à l'enfant naturel sera déterminée d'après la qualité des parents qui sont et demeureront héritiers ?

______

(1) Demolombe, xiv, n° 54.

§ 1. — Concours de l'enfant naturel avec des descendants
légitimes.

En présence de descendants légitimes, la nouvelle loi accorde à l'enfant naturel la moitié de ce qu'il aurait eu s'il eût été légitime.

Si nous supposons un enfant naturel et un enfant légitime, il suffira d'établir la part qu'aurait eue l'enfant naturel s'il eût été légitime, soit la moitié, et de lui donner la moitié de cette moitié, soit 1/4. L'enfant légitime aura les 3/4.

Soit, par exemple, une succession de 120 000 fr. à partager entre un enfant légitime et un enfant naturel ; si les enfants avaient été tous deux légitimes, ils auraient eu 60 000 francs chacun. L'enfant naturel obtiendra donc 30 000 francs et l'enfant légitime en prendra 90 000.

Si nous supposons un enfant naturel en présence de deux enfants légitimes, le même mode de calcul nous conduira à accorder à l'enfant naturel moitié du 1/3 qu'il eut eu s'il eût été légitime, soit 1/6 ou 2/12 et 5/12 à chacun des enfants légitimes.

Si nous supposons un enfant naturel et trois enfants légitimes, la part de l'enfant naturel sera de la moitié du 1/4, soit 1/8 et ainsi de suite.

On constate facilement que, dans ces dernières

hypothèses, la part de l'enfant naturel n'est plus, comme dans la première, de la moitié de celle de chacun de ses frères légitimes. Plus le nombre des enfants légitimes augmente, plus s'accentue l'inégalité entre la part de l'enfant naturel et celle de chacun de ses frères légitimes. C'est ainsi qu'on arrive, en supposant une succession de 100 000 fr., un enfant naturel et neuf enfants légitimes, à n'accorder à l'enfant naturel que 5 000 francs et 10 555 fr. 55 à chaque enfant légitime.

Bien des systèmes ont été proposés pour arriver à un résultat plus équitable. Et le projet de loi, primitivement voté par la Chambre, instituait ainsi un mode de calcul (1) tout opposé qui aurait rendu la part de l'enfant naturel toujours égale à la moitié de celle recueillie par chaque enfant légitime.

Il consistait à supposer le nombre des enfants légitimes double de ce qu'il était réellement, d'y ajouter celui des enfants naturels et de faire autant de parts égales qu'il sera censé y avoir d'enfants. Chaque enfant légitime prendrait deux parts et chaque enfant naturel en retiendrait une.

Tout en donnant des résultats très équitables, ce système fut repoussé par le Sénat parce qu'il conduisait à des résultats incompatibles avec l'ar-

---

(1) *Traité de la séparation des patrimoines.* Blondeau.

ticle 758. Il était manifeste, en effet, que dans le cas de concours entre un seul enfant légitime et un seul enfant naturel, un pareil règlement eut porté la part de ce dernier du quart au tiers de la succession.

Il est regrettable que le législateur n'ait pas cherché le moyen de fixer invariablement la proportion entre la part de l'enfant naturel et celle de l'enfant légitime.

Dans le silence de la loi, il faut donc suivre le premier mode de calcul, consacré par la doctrine et la jurisprudence. On peut affirmer, le rapporteur de la loi au Sénat ayant eu à s'expliquer sur cette question, que le législateur a admis comme certains les *résultats acquis*, et que son silence doit s'interpréter dans un sens favorable à ce règlement.

Jusqu'ici nous n'avons envisagé que l'hypothèse d'un enfant naturel en concours avec un ou plusieurs enfants légitimes ; d'autres difficultés se produisent au cas de concours de plusieurs enfants naturels avec un ou plusieurs enfants légitimes.

La doctrine et la jurisprudence, cherchant, semble-t-il, la simplicité et la facilité du calcul, admettent qu'il faut suivre la même marche quel que soit le nombre des enfants naturels : donc les considérer tous simultanément comme légitimes, voir ce qu'ils auraient eu chacun dans cette hypothèse et leur en donner la moitié. Soit, par exemple, trois enfants naturels et un légitime, elles raisonnent ainsi ; si tous eussent été légitimes, chacun eut eu 1/4, chaque enfant naturel recueillera donc 1/8, la moitié de ce qu'il eut eu.

Ce mode de calcul consistant à supposer tous les naturels comme légitimes collectivement, présente cet inconvénient qu'en réalité chaque enfant naturel n'a pas ce que la loi lui attribue : moitié de la part d'un enfant légitime. Car, s'il eut été légitime, il eut profité dans une certaine mesure de la réduction subie par ses frères naturels. Le système de la jurisprudence aboutit à ce résultat que l'enfant naturel, en concours avec un enfant légitime et un autre enfant naturel, n'a pas une part supérieure à celle qu'il aurait eu en concours avec deux enfants légitimes, autrement dit, et ne bénéficie pas de la réduction subie par son frère naturel, puisque son frère légitime en profite exclusivement (1).

Pour remédier à l'inconvénient résultant de ce mode de calcul, on a proposé de nombreux systèmes. Un des plus ingénieux est peut-être celui de M. Gros (2), qui consistait, une fois connue, la part d'un enfant naturel en concours avec un ou

---

(1) Demolombe, xiv, n° 67 et suiv. Laurent, ix, n° 115.
Demante, iii, 75 *bis*, 1 et 3. Aubry et Rau, iv, § 505.
Baudry-Lacantinerie et Wahl, i, n° 644.
(2) *Des droits successoraux des enfants naturels*. Gros,

plusieurs enfants légitimes, et d'examiner le rapport existant entre les parts de l'enfant naturel et celle des enfants légitimes et de maintenir ce rapport quel que soit le nombre des enfants naturels. D'autres, plus ou moins compliqués, cherchaient à répartir entre les divers enfants naturels considérés successivement et non collectivement, les réductions faites aux enfants naturels et attribuées aux enfants légitimes exclusivement par la jurisprudence.

Tous ces systèmes aboutissaient à un résultat qui devait tous les faire condamner. Lorsque le nombre des enfants naturels dépasse un certain chiffre, la portion totale de succession à eux attribuée est plus forte que celle à laquelle ils ont droit quand ils sont en présence d'ascendants ou de collatéraux privilégiés, ce qui est inadmissible. Il est évident que la loi n'a pas voulu que la famille légitime soit moins protégée quand elle est représentée par des descendants que lorsqu'elle est représentée par des ascendants ou des collatéraux; puisque, bien au contraire, elle n'accorde aux enfants naturels que moitié de ce qu'ils auraient s'ils étaient légitimes, en concours avec des descendants et qu'elle leur attribue les 3/4 en présence d'ascendants ou de collatéraux privilégiés.

Dans une petite notice (1) parue récemment, un

(1) Em. Chenon. *Des droits successifs des enfants naturels en concours avec des enfants légitimes*, Larose, 1898.

distingué professeur de la Faculté de droit, M. Chénon, qui joint à sa qualité de jurisconsulte celle de mathématicien, vient de proposer une formule algébrique qui lui a paru réaliser le but cherché depuis longtemps. Cependant, dans une deuxième note, composée quelques semaines après la première, M. Chénon constatait que sa première formule conduit à une anomalie qui la condamne lorsque le nombre des enfants légitimes dépasse un certain chiffre ; la part afférente à chaque enfant légitime est parfois plus grande quand il y a plus d'enfants naturels que quand il y en a moins.

M. Chénon attribue cette anomalie à ce que dans la première formule il n'avait cherché à faire profiter l'enfant naturel que des réductions subies par ses autres frères naturels, sans le faire profiter de la réduction subie par lui-même. Aussi, dans sa seconde note (1), l'auteur corrige-t-il sa formule dans ce sens.

Mais, comme l'indique un tableau qui termine cette note, tableau des parts données à l'enfant naturel dans les différentes hypothèses, on arrive par ce nouveau calcul à attribuer à l'enfant naturel en concours avec un seul enfant légitime, non plus le 1/4 de la succession mais 3/10. Aussi,

---

(1) *Des droits successifs des enfants naturels en concours avec des enfants légitimes.* Em. Chenon, 2ᵉ note, 1898.

M. Chénon est-il forcé de rejeter l'interprétation traditionnelle qu'il avait admise dans sa première notice, consistant à reconnaître que dans le cas de concours entre un enfant légitime et un enfant naturel, il n'y avait pas de doute possible et que, conformément à la jurisprudence, la part de l'enfant naturel doit être du quart. Pour arriver à cette nouvelle solution, le distingué professeur raisonne sans doute ainsi. L'enfant naturel doit avoir en concours avec un enfant légitime la moitié de ce qu'il aurait eu s'il eut été légitime ; en ce sens, qu'il doit avoir la moitié de ce qu'aurait eu un autre enfant légitime qui serait venu en concours avec un frère naturel et un frère légitime ; autrement dit pour connaître sa part, il ne faudrait pas seulement le considérer comme légitime, ce qui donnerait comme résultat, deux légitimes, mais le supposer légitime dans la même hypothèse, c'est-à-dire en présence déjà d'un enfant légitime et d'un enfant naturel.

Il nous semble que cette manière d'interpréter la loi est assez subtile et nous croyons que l'interprétation plus simple de la jurisprudence est préférable. Lorsque la loi dit que l'enfant naturel doit avoir la moitié de ce qu'il aurait eu s'il eut été légitime, il faut le comprendre en ce sens que la part de l'enfant naturel doit être moitié de celle qu'il aurait eu s'il eut été légitime.

A notre sens, il semble bien résulter des discussions auxquelles ont donné lieu la loi nouvelle, que le législateur de 1896 a tacitement accepté le système adopté par la jurisprudence et la doctrine, pour le mode de calcul de la part des enfants naturels, non seulement en cas de concours entre un légitime et un enfant naturel, mais aussi en cas de concours de plusieurs enfants naturels avec un ou plusieurs légitimes.

Dans le cas où quelques-uns des héritiers appelés viendraient à renoncer ou à être écartés comme indignes, tous les héritiers sans distinguer profiteront de la part vacante.

Ce serait une erreur de croire que si la renonciation avait été consentie par un enfant naturel, les seuls enfants naturels partageraient la part ainsi devenue vacante. La loi n'a fait aucune distinction, ne sous entend aucune division dans le patrimoine. Il convient donc ici de s'en rapporter au droit commun.

§ II. — *Concours avec des ascendants, des frères et sœurs et descendants légitimes des frères et sœurs.*

« Le droit de l'enfant naturel est des 3/4 lorsque les père et mère ne laissent pas de descendants, mais bien des ascendants ou des frères et sœurs ou des descendants légitimes de frères et sœurs, art. 759. »

Le Code civil n'accordait aux enfants naturels dans cette hypothèse que la moitié de ce à quoi ils eussent eu droit comme enfants légitimes, et l'article 757 ne parlait pas des descendants légitimes des frères et sœurs. La doctrine et la jurisprudence étaient divisées sur la question de savoir si, malgré le silence du texte, on devait les assimiler aux frères et sœurs ou les compter comme des collatéraux ordinaires (1).

Le législateur de 1896 a tranché la controverse en faveur des enfants légitimes des frères et sœurs, et ne laisse pas subsister de doute sur cette question. La majorité des auteurs en avait, d'ailleurs, ainsi décidé, mais la jurisprudence n'avait pas voulu consacrer cette extension.

Cette réforme n'a pas été admise sans difficultés. Les partisans de l'assimilation complète des enfants naturels aux enfants légitimes avaient fait adopter par la Chambre un projet qui écartait complètement les frères et sœurs de la succession quand ils se trouvaient en présence d'un enfant

----

(1) La question ne faisait pas difficulté quand les neveux pouvaient venir par représentation. Cass. 5 juin 1893. D. 93-1-383.

Autrement la jurisprudence était fixée en sens contraire. Paris, 24 juin 1886. Cass. 31 août 1888. D. 88-1-209, et la note. Demolombe, XIV, n° 75.

naturel, et qui accordait seulement aux ascendants la moitié de la succession.

Le Sénat, malgré les discours du Ministre de la justice, et de M. Demole, rejeta ce système et s'en tint aux dispositions de l'article 759 actuel (1).

Mais l'assimilation des descendants légitimes de frères et sœurs aux collatéraux privilégiés rencontrait, au contraire, une résistance considérable fondée sur l'état de la jurisprudence antérieure et sur l'aggravation que subissait de ce chef la situation des enfants naturels.

Le rapporteur de la loi (2) fit valoir que les descendants légitimes de frères et sœurs qui, dans les successions légitimes, sont préférés aux ascendants ordinaires, ne sauraient être dans une moindre situation vis-à-vis des enfants naturels ; que les collatéraux privilégiés font encore partie de la famille de la manière la plus intime, et qu'on ne peut les dépouiller de biens qui figurent dans le patrimoine, comme ayant été recueillis dans la succession d'auteurs communs.

Ces observations décidèrent le Sénat en faveur du texte actuel, que la Chambre vota ensuite sans discussion.

(1) J. *Off*. 20 mars 1895. *Débats parlementaires*, *Sénat*. p. 207. — J. *Off*. 22 juin 1895. *D. Parl. Sénat*, p. 654.

(2) Rapport Dauphin. J. *Off*. *Doc. parl*. 1895, p. 5. *Débats parl*. 1895, p. 208 et suiv.

Le concours d'un enfant naturel avec des ascendants ou des collatéraux privilégiés, opère ainsi une fente irrévocable dans la succession. Les trois quarts seront appréhendés par l'enfant naturel, et l'autre constituera la part de la famille légitime, quel que soit le nombre de ceux qui auront des droits à la succession (1).

S'il y a plusieurs enfants naturels, les trois quarts seront entre eux divisés par têtes. En cas de renonciation ou d'indignité de l'un d'eux, la part vacante n'accroît qu'à eux seuls. On doit appliquer les mêmes règles à la succession de la part attribuée aux parents légitimes. A défaut d'ascendants dans l'une ou l'autre ligne, les frères et sœurs ou leurs descendants se partageront ce quart en totalité.

Et, en cas de concours avec les père et mère, on suivra les règles appliquées en matière de succession légitime. Une moitié sera donnée aux collatéraux privilégiés, soit 1/8; l'autre moitié sera partagée entre le père et la mère, à concurrence de 1/16 pour chacun d'eux. Si le père ou la mère a seul survécu, les frères et sœurs prendront 3/16 (2).

En cas d'indignité ou de renonciation d'un des

____

(1) Demolombe, xiv, n° 77. Rap. Dauphin. *J. Off.* 20 mars 1895.

(2) Demante, iii, 75 *bis*, 8. Aubry et Rau, vi, § 605. Campistron, 26 suiv.

parents légitimes, la part vacante ne profitera qu'aux co-héritiers légitimes.

Mais quelle solution donner dans l'hypothèse suivante? Le défunt a laissé un ascendant dans une ligne, un frère indigne ou renonçant et un collatéral ordinaire dans l'autre ligne, ou plus simplement des collatéraux ordinaires dans une ligne et un ascendant dans l'autre ligne. Attribuera-t-on un quart de la succession à l'ascendant? devra-t-on, au contraire, faire une part au collatéral ordinaire qui viendrait partager avec l'ascendant le quart réservé à la famille légitime, en laissant toutefois à ce dernier l'usufruit du tiers : Ou bien enfin fera-t-on recueillir par l'enfant naturel la portion des biens qui eût été donnée à la ligne dans laquelle il n'existe pas d'ascendants, ni de collatéraux privilégiés (1).

C'est cette dernière solution qui nous paraît la plus conforme au vœu de la loi nouvelle.

La jurisprudence, d'après les arrêts antérieurs, semblait avoir consacré l'opinion qui avait généralement cours en doctrine, et d'après laquelle on calcule la part de l'enfant naturel, comme si le collatéral n'existait pas, et en ne tenant compte que de l'ascendant (2).

(1) Campistron, n° 30.

(2) Demolombe, xiv, n° 78. Aubry et Rau, vi, § 605. Amiens, 5 déc. 1889. D. 1890-2-184.

La loi n'a pas prévu ce cas. Mais il est douteux que cette dernière solution soit en accord avec les dispositions générales prises par la législation de 1896 à l'égard de l'enfant naturel.

L'ascendant et les collatéraux ordinaires sont diversement traités par la loi quand ils se trouvent séparément en présence avec des enfants naturels. Lorsque ces deux situations se trouvent réunies, pourquoi ne pas envisager la succession comme se partageant en deux et traiter ainsi les deux cas séparément selon les règles du Code. Et le principe de la fente admis dans les hérédités légitimes, s'appliquerait parfaitement ici depuis la nature nouvelle donnée au droit héréditaire des enfants naturels.

Dans l'hypothèse prévue, l'enfant naturel prendra la totalité de la moitié de la succession afférente à la ligne à laquelle appartient le collatéral et les trois quarts de l'autre moitié, le quart restant devant revenir à l'ascendant.

Ce quart sera soumis à l'art. 733. « Toute succession échue à des ascendants et des collatéraux se divise en deux parts égales ». L'une pour les parents de la ligne paternelle. L'autre pour les parents de la ligne maternelle. 1/16 ira donc à l'ascendant, 1/16 au collatéral, 7/8 à l'enfant naturel.

Il ne faut donc pas voir ici un concours entre l'enfant naturel et le collatéral. Jamais le collatéral ne peut venir au partage avec lui. C'est une simple conséquence du principe posé dans l'article 733.

§ III. — *L'enfant naturel se trouve en présence de collatéraux ordinaires.*

L'enfant naturel exclut les collatéraux. En leur présence, il recueille la succession tout entière, art. 760.

C'est assimiler dans cette hypothèse l'enfant naturel à l'enfant légitime. Il ne recueille plus de fraction, de quote-part de succession. Il appréhende à lui seul toute la succession. Le législateur a pensé que le lien qui rattache au défunt les collatéraux ordinaires est trop éloigné pour justifier une réduction des droits de l'enfant naturel.

Le Code civil leur accordait bien un quart de la succession, mais personne, ni au Sénat ni à la Chambre, n'a élevé la voix pour faire critiquer cette nouvelle disposition. C'est certainement l'innovation la plus considérable de la loi de 1896.

Dans le cas où la théorie antérieure de la jurisprudence sur les renonçants et les indignes continuerait à être adoptée, il se trouverait que dans certains cas les collatéraux ordinaires seraient admis à concourir avec l'enfant naturel. Mais cette

conséquence d'un système réprouvé depuis longtemps par la doctrine, crée une situation trop
opposée avec les dispositions du Code, pour ne pas
espérer que les tribunaux s'inspireront dans cette
hypothèse de l'esprit qui a animé le législateur de
1896, et qui doit rester leur guide dans l'interprétation de la loi.

§ IV. — *L'enfant naturel est en concours avec le conjoint et*
l'Etat.

Rien n'est changé depuis la nouvelle loi en ce
qui concerne le conjoint et l'état. L'enfant naturel
les exclut toujours. Mais le droit d'usufruit que la
loi de 1891 accorde au conjoint de l'époux survivant fait subir au droit de l'enfant naturel certaines modifications qu'il convient d'exposer.

Le droit du conjoint est du quart en usufruit de
la succession lorsqu'il est en concours avec des
enfants légitimes ; il est réduit à une part d'enfant
le moins prenant, sans qu'elle puisse excéder le
quart, en cas de concours avec des enfants issus
d'un précédent mariage ; de la moitié quelle que
soit la qualité des héritiers lorsque le *de cujus* ne
laisse aucun descendant.

L'enfant naturel subira donc toujours dans une
certaine mesure une atteinte à ses droits résultant
de l'usufruit du conjoint survivant. Nous allons la

déterminer dans les trois hypothèses prévues par le Code : concours d'enfants naturels et d'enfants légitimes avec le conjoint, concours d'enfants naturels d'ascendants ou de collatéraux privilégiés et du conjoint, concours de l'enfant naturel et du conjoint.

Lorsque l'enfant naturel concourt avec des enfants légitimes, le droit du conjoint porte d'après certains auteurs sur le quart de l'ensemble de la succession et frappe chacun des héritiers sans distinction proportionnellement à ce qu'ils recueillent de l'actif héréditaire, à moins toutefois que ce droit d'usufruit n'entame la pleine propriété de leur réserve.

Si l'enfant se trouve en concours avec des ascendants ou des collatéraux privilégiés, le calcul de l'usufruit du conjoint qui, dans l'hypothèse doit être de la moitié, se fera de la même manière. Soit donc une succession de 100 000 francs, un enfant naturel, un frère du défunt. Le conjoint a droit à l'usufruit de 50 000 francs. Il reste donc à partager 50 000 francs en nue propriété et 50 000 francs en pleine propriété. L'enfant naturel prendra 37 500 francs en pleine propriété et 37 500 francs en nue propriété, c'est-à-dire les trois quarts. Le frère aura 25 000 francs, dont 12 500 francs en nue propriété.

Enfin, lorsque l'enfant naturel se trouve seul

appelé à la succession, l'article 767 fixe le droit
d'usufruit du conjoint à la moitié de la succession.
Il devra donc le faire porter sur la moitié de ce
qu'il recueille dans la succession de son père naturel.

Mais, dans ces trois hypothèses, il y a lieu de tenir compte de la réserve de l'enfant naturel.

Nous verrons que l'usufruit du conjoint reste tel
qu'il vient d'être indiqué, à la condition toutefois
de ne jamais entamer la réserve de l'enfant naturel.

§ V. — *Situation de l'enfant naturel reconnu au cours du
mariage.*

Telle est la situation généralement faite à l'enfant naturel dans les différents concours qui peuvent se présenter. Il ne reste plus qu'à indiquer
les droits de l'enfant naturel reconnu au cours du
mariage de son auteur, hypothèse prévue spécialement par l'article 337.

Quel sens faut-il donner à ces mots ? « La reconnaissance, dit en substance l'article, ne pourra
nuire ni au conjoint ni aux enfants nés du mariage.

La majorité des auteurs l'entend ainsi (1).

L'enfant naturel ne concourra pas avec les en-

____

(1) Demolombe, v, n° 475. Aubry et Rau, vi, § 569. Baudry, i,
n° 659. Marcadé, art. 337. Labbé. S. 79-1-337.

fants légitimes du *de cujus*. A défaut de parents au degré successible, la succession sera dévolue au conjoint, qui serait ici préféré à l'enfant naturel. Mais dans le cas où des ascendants ou collatéraux se trouveraient appelés à la succession, le conjoint serait ici désintéressé, l'enfant naturel exercera donc la plénitude de ses droits, sans toutefois que sa réserve puisse porter atteinte à l'usufruit intégral du conjoint.

C'est ainsi que dans tous les cas, où, soit par son seul concours, soit par son droit de réserve, l'enfant naturel amoindrit la situation du conjoint, ce dernier peut lui opposer avec succès l'article 337. Par exemple, le défunt n'a aucun parent, il ne laisse que son conjoint et son enfant naturel reconnu au cours du mariage. Si cet enfant n'avait pas existé, le conjoint aurait recueilli la succession. L'enfant naturel sans l'article 337 l'exclurait complètement, sauf pour ce qui est de son droit d'usufruit. L'effet de l'article 337 sera donc ici d'écarter définitivement l'enfant naturel et d'appeler le conjoint à recueillir en entier la succession.

Quels seront alors les droits de l'enfant naturel? Il n'aura à faire valoir que la créance alimentaire, dont il pouvait poursuivre le paiement pendant le mariage de son auteur et qu'il est autorisé à réclamer contre la succession, sans que le conjoint, ou les enfants issus de ce mariage, puissent pour repousser sa réclamation se prévaloir de l'article 337.

Le législateur de 1896 n'a pas cherché à diminuer les effets de cette disposition. Il en avait reconnu la nécessité. Bien au contraire, il avait pensé à appliquer l'article 337 au cas d'une reconnaissance antérieure au mariage, reconnaissance que le conjoint aurait ignoré. Et pour éviter qu'à l'avenir, de semblables surprises puissent se produire, il voulait exiger que toute reconnaissance fût mentionnée en marge de l'acte de naissance de son auteur. Il est impossible de méconnaître l'intérêt et l'importance de cette proposition. Il faut donc regretter qu'à l'occasion de la promulgation du nouveau régime successoral des enfants naturels, le législateur n'ait pas donné suite à cette idée, qui eut constitué, comme on l'a dit au Sénat, une véritable sauvegarde pour les familles.

SECTION III

Droits des descendants des enfants naturels.

Article 761. — *En cas de prédécès des enfants naturels, leurs enfants et descendants peuvent réclamer les droits fixés par les articles précédents.*

Cet article rend applicables aux descendants des

enfants naturels toutes les réformes résultant de la loi du 25 mars 1896. Ils ont donc la saisine et sont dispensés de toutes les formalités de l'envoi en possession.

Ils viendront ainsi à la succession des père et mère de leur auteur toutes les fois qu'ils pourront le représenter : c'est-à-dire lorsqu'il sera prédécédé. Mais seront-ils admis à venir de leur chef en cas de renonciation ou d'indignité de leur auteur.

En d'autres termes, l'article 761 leur reconnaît-il une vocation héréditaire personnelle en vertu de laquelle ils sont en droit de se présenter à la succession, ou au contraire, ne crée-t-il à leur profit qu'une représentation spéciale, anormale, grâce à laquelle dans le seul cas de prédécés de leur auteur, ils sont en mesure d'exercer ses droits ?

La question est controversée (1). Certains auteurs, s'appuyant sur les mots *en cas de prédécès* placés au début de l'article 761, soutiennent que les descendants de l'enfant naturel ne sont appelés que par représentation de ce dernier à la succession, et par conséquent qu'ils ne peuvent faire valoir aucun droit lorsque leur auteur est renonçant ou indigne.

(1) Demolombe, xiv, n° 86. Aubry et Rau, vi, n° 665. Demante, iii, n° 78 *bis*, Baudry-Lacantinerie et Wahl, n° 662.

On a fait remarquer, qu'en principe pour pouvoir succéder par représentation, il fallait avoir une vocation propre et personnelle à la succession du *de cujus*, et qu'en conséquence il y aurait eu dérogation à ce principe si l'on avait refusé aux descendants légitimes de l'enfant naturel le droit de succéder de leur chef.

Un argument de plus en faveur de cette opinion se dégage de la nouvelle loi qui assimile l'enfant naturel à l'enfant légitime quant à la nature des droits héréditaires.

D'où il semble bien résulter que les droits des enfants naturels pourront être exercés par leurs descendants légitimes, de la même façon que les droits des enfants légitimes le sont par leurs descendants. On ne comprendrait pas la distinction.

Cependant certains auteurs (1) n'en restent pas moins adversaires de cette opinion. Loin de voir dans l'article 761, la reconnaissance tacite d'une vocation personnelle au profit des descendants légitimes de l'enfant naturel, ils soutiennent que ce texte est venu précisément leur permettre par une disposition formelle de la loi de recueillir la part héréditaire de l'enfant naturel. — En l'absence de ce texte, ils n'auraient pas pu venir par représentation puisqu'ils n'avaient aucune vocation hé-

---

(1) Marcadé, art. 759, n° 1. — Laurent, ix, n° 127.

réditaire. Aussi, pour réparer cette injustice, le législateur a-t-il créé en leur faveur une représentation spéciale qui leur permet, sans vocation héréditaire, de recueillir la part à laquelle leur auteur eut eu droit.

Ce serait ici un cas de représentation tout à fait spécial, en dehors des principes de la matière puisque, nous l'avons dit, seul est admis par représentation qui a une aptitude personnelle à venir de son chef.

Cette opinion peut se justifier, et on peut expliquer pourquoi au lieu d'interpréter simplement à la lettre l'article 761, on a préféré y voir créée une situation exceptionnelle au profit de l'enfant naturel (1).

Il serait en effet bien difficile d'expliquer autrement l'article 908 et de rendre efficace la prohibition qu'il édicte et dont nous parlerons plus loin ; qu'il soit simplement remarqué que, venant de leur chef les descendants légitimes de l'enfant naturel ne seraient pas tenus de rapporter les dons faits à ce dernier, et qu'en conséquence si l'enfant naturel avait déjà reçu sa part héréditaire, ses descendants pourraient venir à leur tour la réclamer une seconde fois, ce qui serait contraire à l'article 761, à moins qu'ils soient héritiers sans

____

(1) Lampistron, n° 34-35.

pouvoir rien recueillir, situation assez difficile à concevoir.

Quoiqu'il en soit, les descendants légitimes de l'enfant naturel ne peuvent en aucun cas avoir plus de droits que lui et ils sont astreints aux mêmes obligations. Ce n'est jamais, dans l'une ou l'autre opinion, que la part de l'enfant naturel qu'ils auront à se partager. Et quand ils sont admis à venir au partage, ils doivent se soumettre à toutes les conditions exigées des héritiers par la loi.

CHAPITRE II

LES PÈRE ET MÈRE NATURELS ONT FAIT
DES DISPOSITIONS A TITRE GRATUIT, ENTRE VIFS
OU TESTAMENTAIRES

SECTION I

Les libéralités sont faites à des étrangers ou à des cohéritiers des enfants naturels.

Les père et mère naturels ont fait des libéralités à des étrangers ou à des cohéritiers des enfants naturels.

Les droits de l'enfant naturel étant, sauf la quotité, identiques à ceux d'un enfant légitime, il en résulte que le rapport des dons et legs faits à ses cohéritiers lui est dû, et doit être régi d'après les mêmes règles que celui qui devrait être dû à un enfant légitime.

Il était d'ailleurs admis, avant la nouvelle loi, que le rapport pouvait être exigé par l'enfant naturel.

Mais certains auteurs avaient voulu en restreindre
et en limiter les cas d'application. C'est ainsi que
Delvincourt pensait que le rapport seul des legs
pouvait être exigé par l'enfant naturel. Il s'appuyait
sur ce que les anciens articles 556 et 757 n'attri-
buaient aux enfants naturels que des droits sur les
biens de leurs père et mère *décédés*. En conséquence, les biens donnés échappaient à leurs pré-
tentions.

Cette opinion a d'ailleurs été généralement re-
poussée, car l'expression *décédés* a pour but d'indiquer seulement le moment auquel ce droit
s'ouvre.

On soutenait encore, qu'en tous cas, si l'on
permettait aux enfants naturels d'exiger le rapport des dons, ils ne pouvaient s'attaquer qu'aux
libéralités postérieures à la reconnaissance.

Cette déduction n'est pas plus admissible que la
première, puisque la reconnaissance étant la déclarative de la filiation naturelle, les effets en re-
montent à la naissance de l'enfant.

D'autres auteurs semblaient décider que l'enfant naturel ne pouvait exiger des héritiers avec
lesquels il concourt qu'un rapport en moins prenant. Mais aucun motif ne saurait être sérieusement invoqué pour justifier cette exception (1).

____

(1) Demante, III, 76 *bis*, II.

On admettait donc généralement que le rapport, pouvant être exigé par un enfant naturel, devait se faire soit en nature, soit en moins prenant, d'après les distinctions admises par le Code (1).

A plus juste raison, y a-t-il lieu d'adopter cette solution depuis la loi nouvelle. Aucune restriction ne pourrait se défendre depuis l'assimilation établie quant à la nature du droit entre l'enfant naturel et l'enfant légitime.

Que resterait-il pour compléter la situation juridique de l'enfant naturel? Admis au titre d'héritier, admis au bénéfice de la saisine avec le droit d'exiger le rapport. Il fallait qu'une sanction puisse garantir ses droits contre des avantages faits par préciput à des co-héritiers ou des libéralités adressées à des étrangers. La réserve qu'aucun texte n'attribuait à l'enfant naturel sous l'empire du Code, devait être dans la loi de 1896 l'objet d'une disposition spéciale.

L'article 913 *in fine* contient en effet cette innovation : « L'enfant naturel reconnu a droit à une réserve... »

Ce n'est pas qu'auparavant le silence des textes ait donné lieu à une interprétation contraire aux intérêts des enfants naturels. La doctrine et la ju-

(1) Demolombe, xix, 100. Baudry et Wahl, i, 115. Aubry et Rau, vi, § 638.

risprudence (1) s'étaient au contraire mis d'accord pour créer à leur profit une réserve.

Et cette opinion qu'il ne faudrait pas croire inspirée par de seules raisons d'humanité se soutenait par des arguments solides tirés de considérations juridiques ;

« Les dispositions implicites ou virtuelles de la loi », disent Aubry et Rau, « ayant la même force que ses dispositions explicites ou textuelles, on doit reconnaître une réserve aux enfants naturels s'il existe dans le Code des dispositions qui, par une conséquence de leur application, conduisent à l'admission du principe de la réserve ou le présupposent nécessairement ». Le seul examen des textes qui fixent la quotité des droits des enfants naturels montrent que c'est par comparaison aux enfants légitimes que cette quotité est déterminée.

En outre, l'article 761 ancien autorisait le père naturel à réduire son enfant à la moitié de sa part héréditaire en lui faisant une donation entre vifs dans laquelle il s'exprimait formellement à ce sujet. Le père ne pouvait pas lui faire subir par ce moyen une réduction plus forte, d'où l'on pouvait conclure qu'indirectement il lui était interdit de le dépouiller.

(1) Demolombe, xix, n° 149. Aubry et Rau, vii, § 686. Demante, iii, 76 *bis*, iv, n° 47. Baudry et Wahl, i, 677. Dalloz. R. Suc...., p. 306 et s.

Contra. Laurent, xiii, n° 40.

— Cette disposition ne contenait-t-elle pas implicitement le droit à la réserve ?

Si l'on refusait d'en tirer cette déduction, on serait arrivé à cette conséquence : un père ne peut pas réduire par une disposition testamentaire expresse la part de son enfant naturel, mais peut, en l'omettant, l'écarter totalement de la succession, par une répartition préalable de toute sa fortune. Trop singulière déduction pour être sérieusement admise ?

La loi de 1896 n'a donc fait que confirmer l'état de choses qu'avaient créé la doctrine et la jurisprudence, mais en abrogeant le meilleur argument qu'elles avaient invoqué ; nous verrons en effet que l'article 761 a été supprimé et qu'aucune disposition équivalente ne l'a remplacé.

Avant d'entrer dans le détail de cette réforme, il convient de se demander si, pour le calcul de la réserve des enfants naturels, on doit tenir compte des héritiers réservataires indignes ou renonçants.

La jurisprudence (1), par une interprétation analogue à celle déjà exposée pour le calcul de la portion ab intestat, s'en tient aux termes de la loi « si le défunt a laissé », et détermine donc toujours la quotité de la réserve d'après la qualité des parents existant au moment du décès du défunt, qu'ils viennent ou non à la succession.

(1) Req. 20 avril 1875. D. 75-1-487 par analogie.
Cass. 13 août 1866. D. 6-1-465. Req. 25 juillet 1877. D. 68-1-65.

Bien que des auteurs (1) considérables apportent à ce système tout le poids de leurs suffrages, la doctrine est loin de se rendre à cette solution (2). Elle penche au contraire à croire et nous le croyons ainsi que les seuls héritiers qui puissent modifier la réserve de l'enfant naturel sont ceux qui exercent leurs droits héréditaires et que les héritiers réservataires indignes ou renonçants ne doivent pas ici entrer en ligne de compte.

Les enfants légitimes de l'enfant naturel ont droit à la réserve de leur auteur lorsqu'ils viennent en ses lieu et place, soit par représentation, soit de leur chef, à la succession de ses père et mère;

Il n'y a aucune difficulté à leur reconnaître l'existence de cette réserve qui est prévue dans l'article 963.

L'article 761 nouveau pose en principe que tous les droits accordés aux enfants naturels peuvent être invoqués par leurs descendants légitimes, l'article 913 qui en est une conséquence détermine en outre avec précision dans quelle étendue les descendants légitimes de l'enfant naturel sont en mesure d'exercer ses droits.

L'article dit qu'en tous cas ils ne seront jamais comptés que pour l'enfant qu'ils représentent.

(1) Aubry et Rau, vii, § 686, p. 253. n° 6.
(2) Demolombe, xix, n° 160. Demante, iv, 47 bis, iii, Laurent, xii, n° 43. Marcadé, art. 913, 5. Campistron, 100.

Il ne faut pas interpréter cette disposition dans le sens strict : Représenter ne doit pas être pris dans le sens de représentation. Cela signifie que quelle que soit la manière dont les descendants légitimes viendraient à la succession, que ce soit par représentation, ou de leur chef, par renonciation ou par indignité de leur auteur, ils ne compteront jamais que pour lui et non par têtes. On comprend que cette solution s'impose quand ils viennent de leur chef, autrement leur réserve se trouverait augmentée par la renonciation ou l'indignité de leur auteur ce qui est inadmissible. On se rappelle que pour venir de leur chef il faut que les frères et sœurs légitimes de l'enfant naturel soient renonçants ou indignes. Sans quoi la dévolution au degré subséquent ne pourrait avoir lieu.

Quotité de la réserve.

Il ne s'était élevé aucune difficulté pour reconnaître à l'enfant naturel un droit de réserve. Mais lorsqu'il s'est agi d'en fixer la quotité le désaccord ne tarda pas à s'élever.

La commission de la Chambre des députés avait proposé que cette réserve fût dans tous les cas de la moitié de celle accordée aux enfants légitimes. Le Sénat repoussa ce projet — il s'en tint au système que la doctrine (1) et la jurisprudence avaient consacré antérieurement à la loi ; et il pensa que la proportion établie dans les articles 758-759 et 760 devrait être observée pour le calcul de la réserve. Ce système fut définitivement adopté.

La réserve de l'enfant naturel varie donc avec la qualité des héritiers avec lesquels il concourt.

Nous allons examiner successivement les différentes hypothèses qui peuvent se présenter.

§ I — *Quotité de la réserve en présence des descendants légitimes.*

En présence de descendants légitimes, la réserve de l'enfant naturel est fixée à la moitié de celle à laquelle il eût eu droit comme légitime. — Pour la déterminer il faudra considérer l'enfant naturel comme légitime, calculer la réserve dans ces conditions et lui attribuer la moitié de la somme ainsi obtenue. — Soit ainsi 2 enfants légitimes et un enfant naturel. Si l'enfant naturel eût été légitime sa réserve eut été du quart. Elle sera donc du 1/8. Quel que soit le nombre des héritiers légitimes ce système sera appliqué, et s'il existe plusieurs enfants naturels on devra les supposer tous simulta-

____

(1) Demolombe, xix, n° 153. Aubry et Rau, vii, § 686, texte et n° 5. Laurent, xii, n° 41. *Documents parlement.* Sénat, 1895, p. 5.

nément légitimes pour déterminer la part de réserve à laquelle chacun d'eux a droit (1).

Ce système, qui présente un calcul très facile et dont le principal avantage est la simplicité, donne lieu à certaines difficultés d'application. Cette réserve de l'enfant naturel une fois déterminée devra-t-elle se prélever sur l'ensemble de la succession ? (2)

Devra-t-elle s'imputer seulement sur la quotité disponible ou bien, au contraire, portera-t-elle sur la réserve seule de l'enfant légitime.

Il y a lieu de distinguer selon les cas ; avant tout il faut remarquer que puisque la réserve de l'enfant naturel est déterminée d'après les articles même du Code, il faut s'appuyer seulement sur les textes et chercher dans la loi seule les moyens pour trancher cette difficulté. On n'a pas à regretter qu'une solution préconisée dans certains codes étrangers, n'ait pas pu législativement être introduite dans notre code. C'eut été de prélever cette réserve uniquement sur la quotité disponible. A première vue, il paraît juste, en effet, que la présence d'enfants naturels dût nuire plutôt aux légataires qu'aux héritiers légitimes; mais nous verrons bientôt qu'elle aboutit à des résultats inadmissibles.

(1) Demolombe, xix, 161. Aubry et Rau, iii, § 686, p. 234.
(2) Sur les différents systèmes proposés. Demolombe, XIX, n° 163.

D'après la loi il faut, au contraire, envisager toujours l'enfant naturel comme légitime et considérer quelles auraient été dans ces conditions les conséquences de sa présence : reconnaître, en un mot, à qui, des légataires ou des réservataires, il aurait nui : et faire subir ensuite d'après cet examen la réduction à ceux dont les droits eussent été restreints par sa présence.

Le défunt laisse-t-il trois enfants légitimes, un enfant naturel, un légataire universel. Quel que soit au-dessus de trois le nombre des enfants légitimes, la quotité disponible est invariablement du 1/4. L'enfant naturel, s'il avait été légitime, n'aurait donc nullement atteint le légataire ; ce seront donc les réservataires seuls qui subiront le concours de l'enfant naturel et les 3/4 restant seront partagés par les enfants légitimes et l'enfant naturel d'après les règles de la succession *ab intestat*.

Supposons, dans l'exemple choisi, la succession de 120.000 francs ; la quotité disponible entièrement absorbée par le légataire universel sera de 30.000 francs, il restera 90.000 francs à partager entre les 3 enfants légitimes et l'enfant naturel. A supposer ce dernier légitime, ils auraient eu chacun 22.500 francs. Mais l'enfant naturel n'a droit qu'à la moitié de cette part, soit 11.550 francs. Les enfants légitimes auront donc à se partager entre

eux 78.950 francs — ce qui fait à chacun d'eux
19.687 fr. 50.

Quel que soit le nombre des enfants naturels le
calcul se fera de la même manière. Au lieu d'un
enfant naturel, supposons-en trois dans la même
hypothèse : si tous avaient été légitimes, chacun
d'eux aurait eu 15.000, comme naturels ils ne re-
cueilleront chacun que la moitié de cette part, soit
7.500 ; la qualité disponible restera toujours de
30.000 ; la part de chaque enfant légitime sera de
22.500.

On peut se rendre compte de l'impossibilité
qu'il y aurait à faire supporter par l'ensemble de
la succession la réserve de l'enfant naturel. Car on
aboutirait alors à ce singulier résultat que le légataire universel serait réduit par la présence de
l'enfant naturel, quand il n'eût pas été réduit s'il
avait été légitime.

Le légataire universel aurait donc en présence
de trois enfants légitimes et d'un enfant naturel,
une part moins forte que celle qu'il eût obtenue
en présence de quatre enfants légitimes.

La règle est donc que, en concours avec trois
enfants légitimes au moins, la réserve des enfants
naturels, quel que soit leur nombre, se prendra
tout entière sur la part revenant aux enfants légitimes (1). Rien n'est, d'ailleurs, mieux fondé pour

(1) Laurent, xii, n° 51. Aubry et Rau, vii, § 686, p. 237.

déterminer les droits de l'enfant naturel ; on doit, d'après la loi, le supposer légitime, et s'il l'avait été effectivement, sa présence n'eut jamais eu pour effet de diminuer la quotité disponible.

Lorsqu'il n'y a qu'un enfant légitime ou deux au plus, en concours avec un enfant naturel et que le défunt a institué un légataire universel, la règle précédente ne saurait être appliquée. Car si l'enfant naturel était légitime il nuirait, à la fois, à un descendant et au légataire, il faut donc que la réserve qu'on lui attribue soit prise sur les deux parts de la succession dans une proportion facile à déterminer, puisque la présence d'un enfant légitime aurait eu pour effet de diminuer également la réserve et la quotité disponible.

Dans ces deux cas, la réserve de l'enfant naturel doit donc grever également la réserve et la quotité disponible.

Cette règle est encore applicable dans l'hypothèse de deux enfants naturels en concours avec un enfant légitime.

Soit une succession de 120 000 francs à répartir entre un enfant légitime, deux enfants naturels et un légataire universel. La réserve de chaque enfant, en les supposant tous légitimes, eût été de 30 000 francs. L'enfant naturel n'ayant droit qu'à la moitié, n'aura donc que 15 000 francs, et la réserve totale des deux enfants naturels sera de

30 000 francs. On prélèvera cette somme sur l'ensemble de la succession et on partagera les 90 000 fr. restant entre l'enfant légitime et le légataire universel, sans tenir compte des deux enfants naturels.

Pour ces hypothèses, quand le nombre des enfants naturels et légitimes est inférieur à quatre, il faut donc prélever, avant partage, la réserve de l'enfant naturel sur l'actif successoral, répartir le surplus entre les enfants légitimes et le légataire universel comme si ces derniers étaient seuls venus à la succession.

Mais il n'est pas vrai de dire que la réserve des enfants naturels, en admettant toujours deux enfants légitimes, doive être prise dans une égale proportion sur la réserve et la quotité disponible. On comprend aisément que le concours de plusieurs enfants naturels fasse subir une diminution inégale aux enfants légitimes et au légataire universel. La réserve des enfants naturels doit donc atteindre la quotité disponible et la réserve des légitimes dans une certaine proportion, qui devra être établie d'après le dommage inégal causé au légataire et aux légitimes (1).

On devra, pour déterminer cette proportion, reconnaître ce que les enfants naturels, s'ils avaient été légitimes, eussent enlevé, d'une part, aux des-

(1) Aubry et Rau, vii, § 686, n° 15.

cendants légitimes, et, d'autre part, au légataire
universel ; c'est-à-dire calculer la réserve et la
quotité disponible, d'abord sans tenir compte des
enfants naturels, et ensuite en les faisant concourir comme légitimes. On obtiendra ainsi deux
chiffres différents pour la réserve et pour la quotité
disponible.

Les deux différences représenteront ce que les
enfants naturels eussent enlevé comme légitimes
au légataire et aux descendants légitimes, et la
moitié de ces deux différences représentera exac-
tement le dommage qu'ils leur causent comme naturels, puisque la part des héritiers naturels est
moitié de celle des légitimes.

Soit, par exemple, une succession de 90 000 fr.
à partager entre deux enfants légitimes, deux enfants naturels et un légataire universel. Si les enfants naturels n'existaient pas, la réserve des deux
enfants légitimes serait de 60 000 francs, la quotité
disponible de 30 000 francs.

En supposant les enfants naturels, légitimes, et
en les appelant à la succession, leur présence va
modifier les choses. La quotité disponible va être
du quart de la succession, c'est-à-dire de 22 500 fr.,
elle sera donc diminuée de 7 500 francs. La réserve des deux enfants légitimes, au lieu d'être de
60 000 francs, ne serait plus que de 33 750 francs,
elle serait donc réduite de 26 250 francs.

Mais la part des enfants naturels est moitié moindre que celle à laquelle ils eussent en droit comme légitimes.

Donc leur présence effective ne diminuera la quotité disponible et la réserve des légitimes que de la moitié de la réduction qu'ils eussent fait subir comme légitimes, ils ne réduiront donc la quotité disponible que de $\frac{7\,500}{2}$ soit 3750 fr. et la réserve totale des légitimes que de $\frac{26250}{2}$ soit13, 125 fr. Ce qui donnera les résultats suivants pour la répartition de la succession.

Le légataire universel aura 30.000 fr. — 3.750 fr. = 26.250 fr.
Les deux enfants légitimes 60.000 fr. — 13·145 fr. = 46.875 fr.
Les deux enfants naturels 3.750 + fr. 13.125 fr. = 16.875 fr.
                                             90.000 fr.

On peut donc donner la règle suivante ; toutes les fois que la présence des enfants naturels diminuera la quotité disponible et la réserve d'une manière inégale il faut : répartir d'abord la succession sans tenir compte des enfants naturels ; considérer ensuite les enfants naturels comme légitimes, répartir alors la succession dans cette hypothèse et calculer ce que le concours de ces derniers a enlevé à la réserve (enfants légitimes) et à la quotité disponible (légataire universel) primitivement obtenues.

La réserve des enfants naturels étant moitié de

celle des légitimes prendra séparément la moitié des deux différences obtenues. Ces deux sommes dont le total formera la réserve entière des enfants naturels seront à prélever séparement, l'une sur la résesve, l'autre sur la quotité disponible dans une proportion absolument équitable.

Dans un autre système, on calcule d'abord la réserve des enfants naturels comme s'ils étaient légitimes, et on la prélève avant partage. La somme qui reste est répartie ensuite sans tenir compte des enfants naturels d'après les règles du droit commun.

Ce système aboutit aux résultats suivants dans notre dernière hypothèse.

```
Le légataire universel  . . . . . . . . . . .   24.375
Les deux enfants légitimes  . . . . . . . . .   48.750
Les deux enfants naturels.  . . . . . . . . .   16.875
                                              ─────────
                                                90.000
```

L'inconvénient de ce système est qu'il frappe trop lourdement la quotité disponible. La preuve en est qu'en augmentant le nombre des enfants naturels on aboutirait à donner aux légataires universels, une somme inférieure à la quotité disponible.

Avec 7 enfants naturels, 2 légitimes, un légataire universel, le légataire universel n'aurait que

18.333.33. La réserve des légitimes serait 36.666.66. La réserve des 7 naturels serait 25.000.

Si les enfants naturels avaient été légitimes, la quotité disponible serait de 22.500. On voit donc qu'un pareil système aboutit à un résultat qui le condamne forcément.

Une dernière question peut se poser relativement aux descendants d'enfants légitimes venant de leur chef à une succession où ils sont en présence d'un enfant naturel et d'un légataire universel.

Comment va-t-on calculer dans ce cas la réserve de l'enfant naturel ?

S'il avait été légitime, il eut écarté comme étant à un degré préférable les descendants de ses frères, il eut eu pour réserve la moitié de la succession. Mais comme naturel il n'en appréhendera qu'un quart ; l'autre quart sera alors distribué comme part de réserve aux descendants légitimes dont il est question.

Il en serait tout autrement bien entendu si les descendants de l'enfant légitime au lieu de venir de leur chef venaient par représentation. Dans ce cas, en effet, le calcul se ferait comme si l'enfant naturel était en présence d'un enfant légitime au premier degré.

§ II. — *Réserve de l'enfant naturel en présence d'ascendants.*

Lorsque l'enfant naturel se trouvait en concours avec des ascendants, on était généralement d'accord avant la loi nouvelle pour fixer la réserve de l'enfant naturel à la moitié de celle qu'il aurait eue s'il avait été légitimé.

Mais le système d'imputation adopté par la doctrine (1) qui prélevait cette réserve sur celle des ascendants lorsqu'il s'en trouvait dans les deux lignes, et moitié sur la quotité disponible, moitié sur la réserve des ascendants s'il ne s'en trouvait que dans une seule, fut toujours repoussé par la jurisprudence.

Ce système avait en effet pour résultat de détourner toute la réserve des ascendants au profit des enfants naturels. Lorsque la quotité disponible était entièrement absorbée par des legs, les ascendants se trouvaient dès lors dans une situation déplorable.

Sur la réserve que la loi leur accordait se prélevait celle des enfants naturels, le surplus constituait leur réserve effective, qui à vrai dire se réduisait à une part infime. Il faut encore ajouter qu'ils ne pouvaient pas réclamer d'aliments aux enfants

(1) Demolombe, xix, n° 176. Aubry et Rau, vii, § 686. Laurent, xii, n° 52.

naturels puisqu'aucun lien juridique ne les rattachait à eux. En présence d'enfants légitimes, ils étaient donc mieux traités.

Aussi, la jurisprudence avait-elle décidé que la réserve d'enfant naturel se prendrait uniquement sur la quotité disponible.

Si la nouvelle loi avait suivi, pour déterminer dans cette hypothèse la réserve de l'enfant naturel, la proportion fixée en principe par l'article 913, elle lui eut accordé les 3/4 de celle qu'il aurait eu s'il avait été légitime ; mais le législateur a, dans l'article 915, établi une dérogation au principe de l'article 913 et a réglé cette hypothèse d'une manière toute spéciale.

Lorsque le défunt laisse des enfants naturels et des ascendants, la quotité disponible est la même qu'en présence d'enfants légitimes. Mais, un huitième de la succession est toujours prélevé en faveur des ascendants, le reste constitue la réserve des enfants naturels.

Ainsi dans ce cas il y a deux réserves distinctes. Un huitième de la succession invariablement et quelle que soit la quotité disponible, est attribué, aux ascendants, les enfants naturels se partagent le surplus des biens réservés.

En conséquence la quotité disponible une fois déterminée d'après le nombre des enfants naturels considérés comme légitimes, le reste de la succession formera la réserve. Sur cette réserve 1/8 de la succession totale sera prélevé pour les ascendants, le reste sera partagé entre les enfants naturels.

Supposons un enfant naturel, un ascendant et un légataire. La succession se répartirait de la sorte, 1/2 au légataire, 1/8 à l'ascendant, 3/8 à l'enfant naturel.

S'il y avait deux enfants naturels on calculerait ainsi 1/3 est attribué au légataire (soit 8/24) l'ascendant obtient 1/8 (soit 3/24) et les enfants naturels se partagent les 13/24 restant.

Enfin dans l'hypothèse de trois enfants naturels, la même manière de procéder donnerait les résultats suivants : 1/4 pour le légataire, 1/8 à l'ascendant et 5/8 aux enfants naturels.

Si ce système a l'avantage d'être très simple et d'éviter les complications de l'imputation, on doit reconnaître que la situation qu'il crée aux ascendants est fort désavantageuse. S'il s'en trouve en effet dans les deux lignes la réserve qui sera attribuée à chacun ne sera que de 1/16.

Et n'y a-t-il pas une disproportion exagérée entre elle et la réserve de l'enfant naturel, surtout lorsqu'on pense que la part de ce dernier peut être accrue désormais de par la volonté du défunt de la quotité disponible (1).

(1) *Journal off.* 23 mars 1895. Rapport Dauphin. *Débats parl. Sénat*, 231-332.

On a prétendu, pour justifier cette innovation, qu'il fallait voir dans cette portion l'équivalent d'un droit alimentaire qu'on ne pouvait leur accorder plutôt qu'une réserve; qu'il était encore impossible de rendre la réserve égale à la part héréditaire.

Mais ce n'était pas répondre aux critiques absolument fondées que soulevait ici l'œuvre du législateur. Quel moyen donner aux ascendants pour subvenir à leurs besoins si la part accordée par l'article 915 leur est insuffisante?

Ils ne sont rattachés par aucun lien à l'enfant naturel et ne peuvent pas l'atteindre pour en obtenir des aliments. Certainement, l'idée de M. Thézard (1) était fort rationnelle et comblait cette lacune. Il aurait voulu que la loi leur accordât un droit d'usufruit comparable à celui du conjoint lorsque le huitième attribué par la loi était insuffisant pour assurer leur existence. Il est regrettable que cet amendement ait été rejeté (2).

Il tendait bien en quelque sorte à remettre les ascendants dans la situation qu'ils ont en face d'enfants légitimes, mais la pension alimentaire qu'ils obtiennent dans ce cas leur eût été bien

(1) Consulter. *Débats parlement. Sénat*, p. 230.
(2) *J. Off*. 22 juin 1895. *Déb. parl. Sénat*, p. 659.

plus utile que cette portion si réduite de pleine propriété que le législateur de 1896 leur accorde.

§ III. — *Réserve de l'enfant naturel en présence
de collatéraux privilégiés.*

Les collatéraux privilégiés ne sont pas réservataires :

Supposons-les exclus par un légataire universel.

Faut-il bien qu'ils n'en retirent aucun profit, tenir compte de leur existence au moment du décès pour déterminer la réserve de l'enfant naturel.

La plupart des auteurs (1) le pensent, et on peut l'admettre sans être accusé de contradiction ; alors même qu'on adopte l'opinion que les renonçants et les indignes ne doivent pas entrer en ligne de compte pour le calcul de la réserve (2). Ces deux propositions sont facilement conciliables, car les collatéraux ne sont pas ici déchus de leur titre

---

(1) Cass. 13 janvier 1862. D. 62-1-142. Cas. 1-7 février 1865. D. 65-1-49. Cass. 20 avril 1875. D. 75-1-487. Aubry et Rau, vii, § 686.

(2) Demante, iv, n° 47 *bis*.

d'héritier, et les libéralités du *de cujus* les empê-
chent seulement de recueillir la part de l'hérédité,
à laquelle ils eussent pu prétendre. Ils conservent
si bien leur titre, qu'en cas de nullité du testament
ils recouvreraient tous les droits dont la volonté
du défunt les avait privés.

L'article 913 qui pose le principe général pour
le calcul de la réserve de l'enfant naturel, reçoit
ici son application.

La réserve doit être déterminée d'après la part
héréditaire dans la succession *ab intestat*.

Dans cette hypothèse, la part serait des trois
quarts, la réserve sera donc des trois quarts de ce
à quoi l'enfant naturel eut eu droit s'il avait été légitime.

C'est-à-dire que s'il n'existe qu'un enfant naturel il aura les trois quarts de la moitié de la
succession, soit 3/8 ; s'il y en a deux, ils auront
ensemble les 3/4 des 2/3, soit la moitié ; s'il y
en a trois ou plus, les 3/4 des 3/4, soit neuf
seizièmes.

Le surplus serait ajouté à la quotité disponible
et attribué, selon les dispositions du testateur, au
légataire universel.

On peut s'étonner que ce mode de calcul attribue
à l'enfant naturel, en présence des frères et sœurs
ou descendants d'eux, héritiers non réservataires,
une réserve moindre que celle à laquelle il a droit

en présence d'ascendants réservataires. Si l'on compare, en effet, les résultats, on reconnaît que deux enfants naturels qui ont, en présence d'ascendants, 13/24, ne recueillent que 12/24, en présence de collatéraux privilégiés.

La surprise causée par ce résultat conduit à penser que telle n'est pas l'intention probable du législateur.

Aussi un commentateur (1) de la nouvelle loi a-t-il pu croire que dans l'hypothèse qui nous préoccupe il fallait se référer à l'art. 915, et attribuer à l'enfant naturel la réserve globale fixée par ce texte, c'est-à-dire lui donner une réserve égale à celle qu'il aurait eue s'il était légitime.

Mais l'article 915 contient une dérogation trop absolue au principe de l'article 913, pour qu'il ne paraisse pas imprudent de l'appliquer dans une autre hypothèse que celle qui est strictement visée dans le texte. Les travaux préparatoires de la loi ne permettent pas non plus de soutenir cette opinion. A n'en pas douter, l'article 913 contient la règle, c'est à cette règle qu'il convient de se référer. On doit seulement regretter que le législateur ait sous-entendu cette question et ait laissé à l'interprète la difficulté de la résoudre.

Il n'y a pas à nier cette anomalie : la présence de

(1) Campistron, n° 110 et suiv.

parents non réservataires va réduire, sans aucun bénéfice pour eux-mêmes, la part de l'enfant naturel. Et ce dernier pourra se trouver dans une situation inférieure à celle que lui eût créé le concours de réservataires.

Faut-il essayer de justifier la loi, assurément n'invoquera-t-on pas l'intérêt de la famille légitime.

Dans l'hypothèse, elle n'aura rien dans la succession. Les biens enlevés vont ajouter à la quotité disponible sans que l'on puisse comprendre pourquoi les légataires sont plus favorisés lorsque le défunt laisse des frères et sœurs au lieu de collatéraux ordinaires.

L'imprévoyance du législateur doit être seule accusée de cette lacune ; il est impossible de trouver les raisons qui auraient pu le décider à ne pas éviter cette anomalie.

Ce n'est pas malheureusement le seul point que soulève, à propos de la réserve de l'enfant naturel, le concours des collatéraux.

Il en est un autre plus compliqué au sujet duquel la loi est encore restée muette.

Nous voulons parler de l'hypothèse où l'enfant naturel est en présence d'un seul ascendant réservataire, de collatéraux privilégiés et d'un légataire universel.

§ IV. — *Concours entre un ascendant privilégié, des
collatéraux privilégiés et un enfant naturel.*

L'article 915 doit s'appliquer ici. Mais dans
quelle mesure ? Et comment faut-il répartir le
huitième de la succession attribué aux ascendants ?

Si le concours de l'ascendant et du collatéral
avait lieu sans qu'il y ait de testament, l'enfant
naturel prendrait les trois quarts de la succession ;
le quart attribué à la famille légitime se répartirait ainsi : 1/16 à l'ascendant, 3/16 aux collatéraux
privilégiés.

L'institution d'un légataire universel change les
choses. Si l'on applique l'art. 915 à la lettre, la
quotité disponible, qui est de la moitié, est absorbée
par le legs universel, un huitième est attribué à
l'ascendant, les trois huitièmes restant forment la
part de l'enfant naturel. Les collatéraux privilégiés n'étant pas réservataires, sont exclus de la
distribution.

Ce résultat est inacceptable, car il aboutit à
créer au profit de l'ascendant une réserve double
de sa part héréditaire. Ce n'est donc pas ainsi qu'il
faut entendre cette disposition.

Tout d'abord le huitième de la succession à

prélever au profit des ascendants leur est attribué à raison de 1/16 pour chaque ligne. Mais à qui attribuer le seizième laissé libre par suite de l'absence d'ascendants dans une ligne.

Nous venons de voir qu'il ne pouvait pas augmenter la part de l'ascendant survivant. Il ne peut pas non plus accroître à la quotité disponible invariablement fixée dans cette hypothèse, quel que soit le nombre des ascendants.

Il resterait encore la solution suivante, le seizième vacant irait accroître la part de l'enfant naturel.

Mais, serait-ce bien en rapport avec les intentions du législateur, qui semble avoir voulu réserver cette fraction de la succession à la famille légitime. Nous avons pourtant eu, dans la succession *ab intestat*, l'occasion de nous ranger à une solution qui pouvait présenter une certaine analogie avec celle-ci. Mais ici, en matière de réserve, on ne peut introduire le principe de la fente entre la ligne maternelle et la ligne paternelle; aussi rien n'autorise à penser que l'absence de réservataire dans une ligne ait pour conséquence de réduire cette réserve de moitié. Quant à la solution qui consisterait à attribuer ce seizième aux collatéraux, disons tout de suite qu'elle ne mérite même pas l'examen. Il n'y a pas de réserve sans texte. Jamais la loi ne donne la qualité de réservataire aux collatéraux. Elle est donc à rejeter.

Nous ne croyons donc pas qu'il soit possible de donner une solution juridique satisfaisante de la question.

D'ailleurs, il arrivera le plus souvent, qu'en pratique, le collatéral privilégié renoncera à la succession, puisqu'il n'y peut rien prendre. Ayant renoncé, il sera censé n'avoir jamais été héritier, et l'ascendant aurait, la succession ouverte *ab intestat*, recueilli dans cette hypothèse toute la part attribuée à la famille légitime, soit 1/4. Rien ne s'oppose à ce qu'il puisse retenir, en vertu de l'article 915, 1/8 de la succession à titre de réserve, lorsque le défunt a institué un légataire universel.

§ V. — *Concours entre l'enfant naturel des ascendants ordinaires des collatéraux privilégiés et un légataire universel.*

Au lieu des père et mère, ce sont des ascendants d'un degré plus éloigné que laisse le *de cujus* en même temps qu'un enfant naturel des collatéraux privilégiés et un légataire universel. Dans ce cas, les ascendants primés par les collatéraux ne peuvent réclamer une réserve puisqu'il n'y a pas de réserve sans droit héréditaire (1).

Ils ne pourraient donc venir à la succession que par suite de la renonciation des collatéraux privilégiés.

Mais à supposer l'acceptation de ces derniers, va-t-il falloir, pour déterminer la réserve de l'enfant naturel, appliquer encore l'article 915? ou faut-il seulement tenir compte des frères et sœurs du *de cujus* sans s'occuper des ascendants qui, n'étant pas héritiers, ne peuvent avoir aucune influence sur la répartition de la succession?

Cette dernière solution s'impose à notre avis, elle est seule logique et conséquente avec le système que nous avons adopté sur le rôle des héritiers renonçants ou indignes.

Car l'autre opinion, outre qu'elle ne serait pas juridiquement soutenable, présenterait le grave inconvénient d'avoir à distribuer le 1/8 de la succession à prélever en vertu de l'article 915. Une sérieuse difficulté se serait présentée.

Qui aurait pu le recueillir? Ce ne serait pas les ascendants qui ne sont pas héritiers. Ce ne pourrait être les collatéraux privilégiés qui ne sont pas réservataires. L'attribuer à l'enfant naturel se-

_____

(1) Demolombe, xix, n° 116 et suiv. Paris, 11 mars 1867. Cass., 22 mars 1869. D. 1869-1-401. *Contra*. Demante, iv, n° 50 *bis*.

rait contraire à l'article 913, car il aurait alors
toute la réserve d'un enfant légitime alors que
la loi ne l'autorise à en recueillir qu'une fraction.

La règle est donc que les ascendants, dans l'hypothèse qui nous occupe, doivent être complètement exclus du calcul de répartition.

La succession devra être distribuée comme si
les collatéraux privilégiés étaient les seuls parents
légitimes qu'eut laissés le défunt.

Si, au lieu d'accepter, les frères et sœurs re-
noncent, les ascendants vont aller exercer leurs
droits de réservataires ; car ils sont appelés comme
héritiers à la succession. La majorité des auteurs (1) l'admet ainsi, et la jurisprudence se
trouve sur ce point d'accord avec eux.

Mais avec les principes que la jurisprudence a
adoptés relativement à l'influence des héritiers renonçants ou indignes sur le calcul de la réserve, il
semble bien difficile de justifier cette conséquence.
La jurisprudence (2) ne paraît pas d'accord avec
elle-même, puisqu'ici elle néglige les renonçants
et les indignes, et qu'ailleurs elle tient à ce qu'ils
entrent en ligne de compte.

(1) Demolombe, xix, n° 116-122. Demante, iv, n° 50 *bis*.
Contra, Aubry et Rau, vii, § 680, p. 169, texte et note 10.

(2) Montpellier, 19 nov. 1857. D. 58-2-25. Nismes, 15 février
1862. D. 1862, 63-1-20.

Quoiqu'il en soit, étant ici réservataires les ascendants vont alors intervenir dans la distribution qui devra être faite conformément à l'article 915.

Les collatéraux vont donc se trouver dans une situation qui leur peut devenir avantageuse.

Les ascendants qui dépendent de leur décision pourraient, en effet, les intéresser à renoncer, car alors s'ouvriraient leurs droits à une réserve.

§ VI. — *Concours de l'enfant naturel avec les collatéraux ordinaires et avec le conjoint usufruitier légal.*

Lorsque l'enfant naturel ne sera en présence que de collatéraux ordinaires, sa réserve se trouvera équivalente à celle d'un enfant légitime. *Ab intestat*, il eut recueilli la totalité de la succession. En présence de libéralités où d'institution de légataire universel, la réserve à laquelle il pourra prétendre sera de la motié de la succession s'il est seul des deux tiers ou des trois quarts si le nombre des enfants naturels est de deux, de trois ou plus.

L'article 767 accorde au conjoint un droit d'usufruit dans la succession *ab intestat* de l'époux décédé. Ce droit d'usufruit est du quart lorsque le conjoint se trouve en présence des descendants légitimes ; de la part d'un enfant le moins prenant

sans qu'il puisse excéder le 1/4, en présence d'enfants d'un autre lit ; et de la moitié dans les autres
cas.

On remarque immédiatement que si le défunt
laisse plusieurs enfants naturels, l'usufruit du conjoint, dans l'hypothèse de la moitié, ne pourrait
s'exercer entièrement sans grever partiellement
la réserve des enfants naturels.

Mais l'article 767 prend aussitôt le soin d'ajouter que cet usufruit ne saurait préjudicier aux
droits de réserve, ce qui signifie qu'il ne portera
jamais que sur la quotité disponible toutes les
fois qu'il aurait entamé les droits des réservataires.

Faisons d'ailleurs ici la réserve imposée par
l'article 337 et qu'il reste absolument hors de doute
que dans le cas d'enfants naturels reconnus au
cours du mariage l'usufruit du conjoint pourrait
s'exercer intégralement, et réduire en conséquence
les droits de ceux-ci.

Si donc des enfants naturels sont seuls héritiers,
l'usufruit du conjoint sera limité par la réserve à
laquelle ils ont droit. On ne conçoit qu'un seul
cas où il pourrait être entièrement exercé ; c'est
quand il n'existe qu'un seul enfant naturel.

Dans le cas où il y en aurait deux, l'usufruit
porterait sur le tiers, et si le défunt en avait laissé
trois ou plus, ce ne serait que sur le quart de

la succession que l'usufruit pourrait s'appliquer.

Dans le cas où des enfants naturels hériteraient
en concours avec des ascendants, l'usufruit du
conjoint ne serait modifié et porté de la moitié, au
tiers ou au quart qu'en raison du nombre des enfants naturels. Quel que soit celui des ascendants,
la réserve de ceux-ci étant du huitième et à prélever sur la réserve des enfants naturels, le conjoint ne serait jamais diminué par eux.

Il nous reste à envisager le cas fréquent dans
la pratique où le conjoint est en présence d'enfants
légitimes et d'enfants naturels.

Dans quelle proportion l'usufruit frappera-t-il
la part de chacun d'eux?

Le conjoint doit avoir le quart en usufruit de la
part héréditaire des enfants légitimes et la moitié
de celle attribuée aux enfants naturels à la condition toutefois de ne jamais préjudicier aux droits
de réserve de ces derniers.

Supposons que le défunt ait laissé un enfant naturel, un enfant légitime et son conjoint. La succession sera ainsi répartie 3/4 au légitime, 1/4 au
naturel. Le conjoint aura l'usufruit du quart de la
part de l'enfant légitime soit 3/16.

Sur la part revenant à l'enfant naturel, il ne
pourra entamer la réserve de ce dernier et aura
donc en usufruit la différence entre sa part héré-

ditaire et sa réserve, soit entre 1/4 et 1/6, soit 1/12.

Prenons, par exemple, une succession de 36 000 fr. L'enfant légitime aura 27 000 fr., l'enfant naturel 9 000 fr. Le conjoint exercera son usufruit sur le quart de la part de l'enfant légitime, soit 6 750. Il ne pourrait l'exercer sur celle de l'enfant naturel que pour la différence entre sa part héréditaire 9 000 et sa réserve qui est de 6 000 fr., soit 3 000, ce qui lui fait donc un usufruit d'un peu plus du quart de la succession 9 750.

L'opinion de certains auteurs qui permettraient à l'enfant naturel d'invoquer la présence de son frère légitime pour réduire l'usufruit du conjoint strictement au quart est contraire au principe, que l'usufruit du conjoint doit être calculé séparément vis-à-vis de l'enfant légitime et de l'enfant naturel.

Disposition transitoire de la Loi nouvelle.

La loi de 1896 modifie la réserve et la quotité disponible. Comment les héritiers naturels réservataires, de successions ouvertes postérieurement à la loi vont-ils pouvoir atteindre les libéralités faites par le *de cujus* qui, au moment où elles étaient faites dépassaient la quotité disponible fixée sous le régime du Code.

L'article 9 *in fine* de la Loi résout cette difficulté et établit, en général, que toutes les libéralités consenties antérieurement à sa promulgation pourront être atteintes par les ayants-droit.

Mais c'est aux seules successions ouvertes depuis la promulgation de la Loi que le législateur semble se référer. La preuve certaine en est dans les travaux préparatoires (1) où l'on constate qu'une disposition spéciale ayant pour objet de le dire expressément, fut supprimée comme superflue.

Mais ne fut-il question que de ces seules successions une difficulté reste toujours à trancher. Pour ce qui est des libéralités testamentaires, on voit très bien qu'elles seront caduques autant qu'elles dépasseront la quotité disponible.

Mais comment agira-t-on sur les donations. La jurisprudence et les auteurs semblent d'accord pour décider qu'en matière de donation la quotité disponible doit être déterminée d'après la loi en vigueur au moment du contrat. M. Frank Chauveau présenta en ce sens un amendement ainsi conçu : « La présente loi ne pourra modifier les droits résultant de donation ou d'institutions contractuelles antérieures à la loi ». Et il fit valoir que les donations sont de leur nature irrévocables et que c'est porter atteinte à ce principe

____

(1) *J. Off.* 22 juin 1895. *Débats parlement. Sénat*, p. 660.

que d'en subordonner l'effet aux modifications toujours possibles de la législation.

La commission du Sénat fut d'un avis contraire (1) et défendit par la voix de son rapporteur la disposition qu'elle avait déposée et qui fut définitivement adoptée. M. Dauphin opposait à M. Frank Chauveau la souveraineté du législateur et le droit qu'il avait de donner aux lois un certain effet rétroactif.

Il en résulte que par les expressions « toutes les libéralités » il faut comprendre non seulement les legs mais encore toutes les donations qui peuvent être réduites en vertu des dispositions de la loi de 1896, alors même qu'au jour du contrat ces libéralités étaient irrévocables et parfaites au regard des parties comme au regard de la loi à ce moment.

SECTION II

Le de cujus a fait des libéralités à son conjoint.

Nous avons vu les questions auxquelles pouvait donner lieu le concours du conjoint et de l'enfant naturel et dans quel cas l'usufruit légal de l'article 767 devait être réduit pour ne pas entamer la

---

(1) Rejet de l'amendement Franck-Chauveau. *J. Off*. 28 juin 1895. *Déb. Parl. Sénat*, p. 138.

réserve que l'art. 913 attribue à l'enfant naturel.

Mais le *de cujus* peut accroître la situation créée par la loi à son conjoint: mais alors quand il y a des enfants naturels, la quotité disponible sera-t-elle la même que celle fixée par les articles 913 et 915? Faut-il, au contraire, appliquer ici l'article 1094 qui fixe, à ce sujet, une quotité disponible spéciale.

L'article 1094 s'exprime ainsi : « L'époux pourra, pour le cas où il ne laisserait point d'enfants ni de descendants, disposer en faveur de l'autre époux en propriété de tout ce dont il pourrait disposer en faveur d'un étranger et, en outre, de l'usufruit de la totalité de la portion dont la loi prohibe la disposition au préjudice des héritiers ».

Il n'est pas ici question des enfants naturels. Cette disposition s'applique aux seuls ascendants. La disposition de la loi qui vise spécialement les enfants est celle-ci : « Et pour le cas où il laisserait des enfants ou des descendants, il pourra donner à l'autre époux un quart en pleine propriété et un quart en usufruit, ou la moitié de tous ses biens en usufruit. »

Si le *de cujus* laisse, à la fois, des enfants naturels et des enfants légitimes, il faut appliquer, à n'en pas douter, l'article 1094, alinéa 2.

La quotité spéciale qu'il établit sera tantôt plus réduite que la quotité du droit commun, tantôt

plus étendue, selon le nombre des enfants réservataires. L'usufruit qui entamera leur réserve portera proportionnellement sur la part héréditaire
des enfants légitimes et des enfants naturels.

Si les enfants naturels sont en concours avec
des enfants légitimes d'un premier lit, l'art. 1098
décide que la quotité disponible vis-à-vis du conjoint sera d'une part d'enfant légitime le moins
prenant, sans que cette part puisse jamais dépasser
un quart des biens.

Enfin, si des enfants naturels sont en concours
avec des ascendants, il n'est pas douteux que la
quotité disponible en faveur du conjoint sera déterminée par la combinaison de l'article 1094
(1er alinéa) et de l'article 915, c'est-à-dire que, en
plus de la quotité disponible ordinaire, le conjoint
pourra avoir l'usufruit du huitième prélevé au
profit de l'ascendant.

Mais s'il n'existe ni enfants légitimes ni ascendants, quelle sera la quotité disponible en faveur
du conjoint? Sera-t-elle la même que s'il se trouvait en présence d'enfants légitimes ? et faut-il
appliquer l'article 1094?

Dans un arrêt en date du 12 juin 1866 (1), la
Cour de cassation a refusé, à un enfant naturel, le
droit de se prévaloir de l'article 1094 pour faire

(1) D. 66-1-484. Grenoble, 7 mai 1879. D. 80-2-236.

réduire les libéralités faites par le *de cujus* à son conjoint. Dans l'espèce soumise à la Cour, le conjoint était légataire de la moitié en pleine propriété.

Mais faut-il rejeter l'article 1094 non-seulement lorsque, comme dans l'espèce prévue par l'arrêt, la quotité spéciale est inférieure à la quotité du droit commun, mais encore lorsqu'elle serait supérieure à raison du nombre des enfants.

Certains auteurs le pensent, et, sous cet arrêt, une note semble indiquer que le principe qu'il invoque est absolu et qu'aucune distinction ne peut être permise.

Il faudrait donc en admettre toutes les conséquences, même celle-ci, c'est qu'en présence d'enfants naturels, le droit de disposer en présence du conjoint peut être moindre qu'en présence d'enfants légitimes ; c'est-à-dire que le conjoint ne pourrait, en présence d'enfants naturels, jamais recueillir que la quotité disponible ordinaire.

La solution contraire nous paraît mieux fondée.

Une remarque s'impose tout d'abord : les droits des enfants naturels sont ici absolument équivalents de ceux qu'ils auraient eu comme légitimes. Dans cette hypothèse, leur qualité de naturels ne leur ôte rien. Il faut donc les considérer comme légitimes au regard du conjoint qui devrait recevoir un quart en pleine propriété et un quart en usufruit au lieu d'être limité au tiers ou au quart.

Et si on nous reproche de favoriser, dans les deux cas, le conjoint en rejetant l'article 1094 lorsqu'il peut lui nuire et en l'invoquant, au contraire, lorsqu'il lui est favorable, nous ferons remarquer que le Code civil a voulu, dans un but de protection pour la famille légitime, éviter que le *de cujus* ne se laissât influencer par son conjoint et ne lui fît, au détriment d'un enfant unique né du mariage, des libéralités qui absorberaient la quotité disponible ordinaire. Mais quand il s'agit d'un enfant naturel, cette raison de protection de la famille légitime ne se comprend plus, et le législateur n'a plus à limiter la capacité de recevoir du conjoint.

Quand nous invoquons, au contraire, l'application de l'article 1094 pour permettre au conjoint de recueillir la quotité spéciale qu'il crée lorsqu'elle est supérieure à la quotité disponible ordinaire, nous ne nous trouvons en rien en contradiction avec la pensée du législateur qui a voulu assurer au conjoint, quel que soit le nombre des enfants du *de cujus*, une situation en rapport avec ses besoins.

Que les enfants soient naturels ou légitimes, la raison de décider est identique. Il y a même lieu de croire que, puisque la dette alimentaire n'existe pas entre les enfants naturels et le conjoint, la nécessité de cette solution s'impose encore plus rigoureusement. En supposant, en effet, le conjoint dans la misère, voit-on qu'il puisse réclamer quoique ce soit à ceux qui sont devenus les détenteurs des biens dont il avait naguère disposé avec son époux.

Le conjoint pourra donc, selon nous, recevoir en présence d'un seul enfant naturel la quotité disponible ordinaire. Dans le cas où le *de cujus* aurait laissé plusieurs enfants naturels il pourra recevoir la quotité spéciale de l'article 1094, soit un quart en pleine propriété et un quart en usufruit, soit la moitié en usufruit.

SECTION III

Le de cujus a fait des dispositions en faveur des enfants naturels.

1° Par donations entre-vifs.

La loi nouvelle, en appelant les enfants naturels au titre d'héritier, a eu pour conséquence de soumettre les donations dont ils étaient l'objet de la part de leurs auteurs à la théorie du rapport et de les soustraire à l'imputation de l'ancien article 760.

L'imputation imposée aux enfants naturels se faisait toujours en moins prenant. Les biens reçus par l'enfant naturel à titre de donation restaient

définitivement sa propriété, pourvu que leur valeur ne dépassât pas leur part héréditaire. Mais la
jurisprudence (1) avait interprété l'imputation dans
un sens avantageux à l'enfant naturel. C'est ainsi
qu'elle avait décidé que la donation lui ayant
transmis un droit incommutable, il ne pouvait
être question des fruits ou des intérêts qu'il avait
perçus en vertu de son droit de propriété et, qu'en
conséquence, les intérêts des sommes à lui donnés ne pouvaient être soumis à l'imputation que
du jour de la demande des héritiers légitimes.

L'abrogation de l'article 760 ne touche en rien
à l'incapacité de recevoir dont est frappé l'enfant
naturel. Nous allons voir par l'examen de l'article 908 comment a été améliorée la situation de
l'enfant naturel sur ce point, et comment l'obligation du rapport qui lui est imposée depuis la nouvelle loi, rend plus facile l'explication de ce texte
difficile.

Les enfants naturels, d'après le Code civil
(art. 908), sont frappés d'une certaine incapacité
de recevoir. Il eut été trop facile au père de réta-
blir par des dispositions entre-vifs ou testamentaires l'égalité entre tous ses enfants et même de
favoriser l'enfant naturel au dépens de la famille
légitime. — L'article 908 avait donc interdit d'une

(1) Cassation, 11 janvier 1831. Dalloz, Rep. G. *Succession*, 342.

m anière absolue aux enfants naturels de recevoir de leur père et mère, par donation ou par testament, plus que leur part héréditaire. C'était aller bien loin : certes, on pouvait craindre que la faveur dont eut joui l'enfant naturel auprès de son frère eût déterminé ce dernier à un détournement de ses biens au détriment de la famille légitime, mais il semblait excessif de la juger compromise quand certains de ses membres sont à l'abri de toute spoliation grâce à la réserve que la loi accorde (1). En outre, pourquoi leurs droits sont-ils plus gravement compromis par une libéralité faite à un enfant naturel que par une donation à un étranger ?

Aussi cette protection exagérée dont la loi entourait la famille légitime, pouvait se tourner contre elle et devenir illusoire. Un père qui voulait ménager l'intérêt de son enfant naturel ne le reconnaissait pas et le soustrayait ainsi à l'incapacité dont il l'eut frappé s'il l'avait reconnu.

Est-ce bien le résultat où voulaient aboutir les efforts du législateur ? Vaine protection de la famille légitime, d'une part ; et, d'autre part, défaveur de la reconnaissance en raison des incapacités qu'elle créait à ceux qui en étaient l'objet. Non, sans doute, et ce n'était pas encore le seul

(1) Laurent, xi, 360. Baudry, i, n° 453.

reproche que l'on pouvait faire à cette disposition ; car à ces fâcheuses conséquences s'ajoutait, en outre, une incontestable difficulté d'application.

Les libéralités dont l'enfant naturel était l'objet, en tant qu'elles dépassaient sa part héréditaire, étaient réductibles seulement et non nulles pour la totalité. Quels étaient les héritiers qui pouvaient les critiquer comme exagérées et en réclamer la réduction à la part héréditaire ? C'est cette question qui a donné lieu a de vives controverses et qui a séparé la doctrine et la jurisprudence.

Des auteurs (1) considérables soutenaient l'opinion suivante. L'enfant naturel n'est pas, à vrai dire, incapable de recevoir en dehors des limites de ses droits héréditaires. Il faut voir dans l'article 908 une indisponibilité de la part complémentaire de la succession. Or, l'indisponibilité ne peut être déterminée qu'à la mort du *de cujus*, à l'ouverture de la succession, connaissance prise des biens laissés et de la qualité des héritiers légitimes. Si c'était au contraire une question d'incapacité, il n'y aurait lieu ni de reconnaître l'importance des biens ni les droits des héritiers.

L'article 908 n'était généralement pas interprété

(1) Demolombe, n° 83 et 90, xiv. Demante, iv, n° 28 *bis*. Note de M. Beudant. D. 1878, 1-401. Sous un arrêt de Cass. du 28 mai 1878.

de cette façon. On y voulait reconnaître une réserve spéciale organisée au profit de la famille légitime. La preuve en était dans la vocation entière
des enfants naturels à défaut de parents réservataires ou de collatéraux privilégiés.

Dès lors c'étaient les seuls parents dans l'intérêt
desquels était édicté l'article 908 qui pouvaient
critiquer ces libéralités et en réclamer avec succès la réduction. Ils auraient pu en conséquence
renoncer au bénéfice de ces actions qu'ils puisent
dans la loi et ratifier par leur silence ou leur inac-
tion les donations ou les legs du *de cujus* au profit
de l'enfant naturel. Une autre conséquence du
principe que ce n'était qu'en vue de la famille légitime que la loi limitait contre les enfants naturels la capacité de recevoir, est celle-ci : S'il y
avait plusieurs enfants naturels qui étaient appelés
à la succession du défunt et que l'un d'entre eux
fût donataire, les autres n'auraient pas été admis
à faire valoir contre lui la disposition de l'article 908 pour l'empêcher de profiter du don qui
lui aurait été fait dans les limites de la quotité
disponible.

La jurisprudence ne s'était pas rangée à cette
raison, et considérait l'article 908 comme édictant
une mesure d'ordre public. C'était donc une
théorie contraire dont les conséquences étaient
toutes opposées à celles que nous venons d'indi-

quer. Une incapacité absolue irrémédiable frappait l'enfant naturel quels que soient ses cohéritiers (1). Quelle solution devait-on donner lorsque le *de cujus* avait déshérité au profit d'un légataire universel ses parents non réservataires et qu'une donation excessive avait été faite à l'enfant naturel ?

Les partisans de l'indisponibilité déclaraient que l'intérêt de la famille légitime n'étant pas dans cette hypothèse en jeu il n'y avait aucune réduction à opérer. Les partisans de l'incapacité admettaient au contraire la critique du légataire universel et autorisaient même l'enfant naturel à se prévaloir de l'article 908 pour faire réduire les libéralités excessives faites à ses frères naturels.

Tous les projets de loi (2) qui se rapportaient à la refonte des articles du Code relatifs aux droits des enfants naturels, proposaient la réforme de l'arti-

---

(1) Paris, 9 juin 1834. Dall. *Succession*, 338.

Lyon, 25 mars 1855. Dall. 56-2-3.

Cass. 7 février 1865. Sirey, 65-1-105.

Aubry et Rau, 4ᵉ éd. VII, nᵒ 650 *bis*. Douai, 13 mai 1886. D. 1888-2-6.

(2) Proposition Letellier Rivet et Julien. *Documents parlement.* Ch. 88, p. 554 et 90, p. 507.

Rap. Jullien, J. *Off.* 10 férrier 1892. D. *Parl.* 1892, Ch. 2780·

Prop. Naquet. Ch. *Doc. parl.* 1894, p. 94.

Prop. Demole et Tolain. *Doc. parl. Sénat*, p, 64.

Prop. Groussier. *Doc. parl.* Chambre, 1895.

cle 908 et présentaient certaines des modifications qui furent définitivement adoptées.

Le nouvel article 908 maintient en principe l'incapacité du Code en ce qui concerne les donations entrevifs. On ne pouvait pas permettre au père et à la mère de disposer de leurs biens sans limites au profit d'un enfant naturel. La donation peut être le résultat d'un mouvement spontané et irréfléchi. C'est un acte d'autant plus grave qu'il est irrévocable. Et les sentiments qui ont pu emporter la décision sont de nature suspecte, étant donnée l'influence de la mère de l'enfant naturel sur l'auteur de la donation.

La libéralité testamentaire est au contraire autorisée. On voit dans le testament, de nature essentiellement révocable, la volonté persévérante du testateur, on comprend le désir d'améliorer pour l'avenir la situation de l'enfant naturel et de l'assurer par un acte conscient et prémédité.

Mais on ne peut laisser au père la faculté d'avantager ses enfants naturels au détriment des frères légitimes.

Aussi la proposition a-t-elle complété cette distinction entre les donations et les legs, en interdisant au père de disposer par testament en faveur d'un enfant naturel au-delà d'une part d'enfant légitime le moins prenant.

Telles sont les dispositions apportées à l'article

908 par la Chambre. — Le Sénat (1) après discussion finit par les adopter, mais précisa en outre les personnes qui pourront réclamer la réduction.

Le nouvel article 908 est donc ainsi conçu :

« Les enfants naturels légalement reconnus ne pourront rien recevoir par donation au-delà de ce qui leur est accordé au titre des successions.

Cette incapacité ne pourra être invoquée que par les descendants du donateur, par ses ascendants, par ses frères et sœurs et les descendants légitimes de ses frères et sœurs.

Le père ou la mère qui les ont reconnus pourront leur léguer tout ou partie de la quotité disponible, sans toutefois qu'en aucun cas lorsqu'ils se trouve en concours avec des descendants légitimes un enfant légitime puisse recevoir plus qu'une part d'enfant légitime le moins prenant. »

On voit donc que, désormais il ne peut plus y avoir de controverse possible sur la nature de l'incapacité dont il est question sous cet article. Tel qu'il est rédigé il condamne définitivement l'opinion de la jurisprudence et institue, comme le croyait la doctrine, une réserve *sui generis* au pro-

_____

(1) Consulter les explications données par M. Dauphin. *J. Off.* 22 mars 1895. *Débats Parl. Sénat,* 1895, p. 223.

Considérations présentées par MM. Thézard et Grivart. *Déb. parl. Sénat,* 1895, p. 219.

fit de la famille légitime. Ce sont des dispositions destinées à protéger des intérêts particuliers elles ne sont pas d'ordre public. — Ceux au profit desquels elles sont édictées peuvent y renoncer et valider ainsi les libéralités excessives faites à l'enfant naturel.

Si, d'autre part, le défunt ne laisse que des enfants naturels comme héritiers, l'article 908 est inapplicable pour faire réduire des donations dont l'un d'eux eût été gratifié et qui aurait dépassé sa part héréditaire.

Les incapacités de l'article 908 ne peuvent être invoquées qu'à l'occasion de donations faites par les père et mère de l'enfant naturel. — Vis-à-vis de toutes autres personnes la capacité de celui-ci reste entière. C'est ainsi que s'il plaisait aux parents de ses père et mère de lui donner la quotité disponible de leurs biens, il n'y aurait aucun moyen de critiquer cette libéralité. L'enfant naturel n'a aucune vocation à leur succession, il n'a ni plus ni moins de droits qu'un étranger,

Une condition essentielle pour que l'article 908 puisse être invoqué contre l'enfant naturel est qu'il ait été reconnu.

Peu importe d'ailleurs que cette reconnaissance soit volontaire ou judiciaire. Mais en général, on n'admet pas les intéressés à établir la preuve de la filiation naturelle d'un enfant, pour obtenir ensuite la réduction des libéralités dont il aurait été l'objet.

S'il s'agit de la filiation paternelle cette solution est certaine, puisque la recherche de la paternité est interdite même dans l'intérêt de l'enfant. — Donc à plus forte raison dans les autres cas. — S'il s'agit de la filiation maternelle, le Code civil semble bien en avoir permis la recherche exclusivement à l'enfant et non aux intéressés contre lui, puisque dans les modes de preuve qu'il admet, il suppose toujours que l'enfant naturel est demandeur.

La jurisprudence adopte cette solution. La recherche de la filiation naturelle qui est surtout établie dans l'intérêt de l'enfant, ne doit être poursuivie que par lui, et jamais par des tiers contre lui. Elle refuse donc d'ouvrir une porte à des procès qui deviendraient le plus souvent scandaleux et qui n'aboutiraient, en somme, qu'à un résultat assez négligeable.

Les intéressés de l'article 908 ne pourront donc se prévaloir des incapacités qu'il édicte au moyen d'une constation judiciaire dont ils auraient pris l'initiative. En conséquence, la reconnaissance régulière est une condition essentielle pour invoquer contre l'enfant naturel l'incapacité qui résulte de l'article 908 (sauf bien entendu le cas où l'enfant aurait poursuivi lui-même et fait reconnaître en

justice sa filiation naturelle). — Et rien n'autori-
serait à croire qu'un acte de reconnaissance sous-
seing privé puisse remplacer la reconnaissance régulière.

La jurisprudence (1) cependant l'a souvent admis, et de nombreux arrêts décident que l'article 908 est applicable dès que l'aveu de paternité
ou de maternité est contenu dans le même acte
sous-seing privé que la libéralité, et qu'il résulte
des termes de l'acte que cette filiation en a été la
cause.

Dès lors la jurisprudence accorderait ici à la reconnaissance irrégulière une valeur considérable.

Cependant les arrêts qui décident de la constation de la filiation naturelle, témoignent que de
semblables aveux ne valent que comme commen-
cement de preuve dans les seuls cas où la reconnaissance est permise. Pourquoi ces actes, qui,
seuls, n'eussent pas permis à l'enfant de prouver
sa filiation pourront-ils être invoqués par des tiers
pour lui nuire ?

Ne peut-on pas dès lors reprocher à la jurisprudence l'inconséquence de défendre d'une part que la
preuve de la filiation naturelle puisse être faite
contre l'enfant, et à admettre d'autre part que des
tiers puissent se prévaloir contre lui d'aveux qui

(1) Cass. 7 décembre 1840. Dal. Rep. Successions, 402, Paris,
11 août 1866, Dal. 1866-2-168.

n'ont de valeur que lorsque cette preuve est possible à faire.

L'article 908 édicté contre l'enfant naturel reconnu ne peut-il être invoqué que contre lui ?

L'incapacité qui en résulte atteint également les descendants légitimes de l'enfant naturel ; ils ont en effet tous les droits de leurs père et mère. Mais ils sont aussi soumis à toutes les restrictions que la loi établit dans l'intérêt de la famille légitime. Peu importe que l'article 908 ne les mentionne pas avec leurs père et mère. Il n'en était aucun besoin. La loi s'était déjà suffisamment exprimée sur les droits de ces descendants légitimes.

La réserve spéciale que crée l'article 908 délimite nettement les droits des héritiers légitimes et ceux des enfants naturels. C'est au profit des premiers qu'elle est établie, elle doit être respectée par les seconds sans distinction. Autrement la famille de l'enfant naturel, lui et ses descendants légitimes, pourraient recueillir une part de biens supérieure à celle que leur accorde les articles 758 et 759.

Bien que des auteurs considérables professent (1) et soutiennent l'opinion contraire, nous croyons cette solution plus en harmonie avec l'esprit de la loi nouvelle. Les descendants légitimes

____

(1) Ils ne seraient tenus qu'indirectement en raison de l'art. 911. Aubry et Rau, vii, § 649. Laurent, xi, 368. Baudry, i, n° 465. Cass. 28 mars 1878. D. 78-1 401.

de l'enfant naturel seront donc soumis comme lui
à la prohibition de l'article 908, et toute donation
que leur aurait faite le défunt, serait soumise à
l'imputation à laquelle il donne lieu, quand même
cette donation aurait été faite antérieurement à la
reconnaissance (1).

Mais si les enfants légitimes de l'enfant naturel
sont atteints par l'article 908, en raison de la vocation éventuelle qu'ils ont à la succession des père
et mère naturels, les enfants naturels de l'enfant
naturel n'ayant aucun lien juridique avec les père
ou mère de leur auteur sont complètement déga-
gés de l'incapacité de l'article 908. Ils pourraient
cependant être recherchés pour avoir reçu des libéralités excessives en vertu de l'article 911 qui
permet de les considérer comme des personnes
interposées.

Ayant ainsi passé en revue les diverses questions qui avaient trait aux conditions générales
d'application de l'article 908, nous allons examiner quelle est actuellement la situation des enfants
naturels quant à leur incapacité de recevoir à
titre gratuit. Nous distinguerons entre les donations et les testaments.

---

(1) Marcadé, art. 908-911. Demolombe, v, n° 554. Beudant
sous l'arrêt de 1878, et Campistron, n° 60.

§ I. — *Donations faites par ses père et mère à l'enfant
naturel reconnu.*

Pour considérer quelle est la portée de l'article 908 sur les donations faites à l'enfant naturel par ses père et mère, il faut envisager la question à deux points de vue, selon que l'enfant naturel accepte la succession ou y renonce.

1° *Il accepte la succession.*

Ecartons tout d'abord le cas où des donations lui ont été faites sans clause de préciput.

De semblables donations sont rapportables, et l'enfant naturel devra les restituer à la masse pour le partage. Il n'y a ici lieu ni à réduction ni à retranchement, mais seulement à un rapport. L'enfant naturel recueille sa part héréditaire ni plus ni moins.

Mais au lieu de dispositions par avancement d'hoirie, l'enfant naturel a reçu des libéralités préciputaires soumises à l'article 908. Si ces donations sont inférieures à sa part héréditaire, il recueillera la différence : si elles sont égales, il n'a droit à rien : si elles sont supérieures, ses co-héritiers peuvent la réduire. Tel est le sens de l'article 908.

Qu'est-ce à dire ? C'est que la loi ne tient aucun

compte (1) du préciput consenti au bénéfice de l'enfant naturel. Elle lui enlève toute efficacité dans les cas où il serait de quelque valeur : c'est-à-dire lorsque l'enfant naturel se trouve en présence de descendants légitimes, d'ascendants et de collatéraux privilégiés ; comme dans les autres cas, il exclut tous autres héritiers, il n'est d'aucun besoin de le gratifier par préciput.

Nous disons donc que la loi tient le préciput pour annulable dans les donations faites à un enfant naturel.

Par quelle action les intéressés pourront-ils obtenir le retranchement des donations excessives ?

Ils demanderont la nullité du préciput, et les donations, faites sous cette condition à l'enfant naturel deviendront pures et simples, et dès lors rapportables.

Ce système, qui traduit le sens strict de l'article 908, présente une grande simplicité et engendre des conséquences très naturelles.

Il sauvegarde entièrement les droits de la famille légitime, et réalise ainsi le but que s'était proposé le législateur : atteindre toutes les donations qui constituent un supplément à la part héréditaire qu'aurait recueillie l'enfant naturel.

Les donations qui devront être soumises à ce rapport seront donc seulement celles qui avaient pour

____

(1) Campistron.

objet d'accroître la situation de l'enfant naturel.

Les libéralités comprises sous l'article 852 échappent naturellement à cette règle.

C'est ainsi que les frais de nourriture, d'éducation, les frais de noce et les présents d'usage ne seront pas rapportés. Ce qui n'est pas ici pour l'enfant légitime une augmentation de patrimoine, ne saurait le devenir pour l'enfant naturel.

Mais les autres donations seront frappées par l'article 908. Celles antérieures en date à l'acte de reconnaissance n'échapperont pas à cette atteinte, car la reconnaissance est déclarative non attributive de filiation.

Dans l'article 918, la loi envisage, comme une donation, faite avec dispense de rapport par les père et mère à l'un de leurs successibles en ligne directe, l'aliénation des biens à charge de rente viagère, à fonds perdu, ou avec réserve d'usufruit. Le législateur, pour valider cette disposition et pour que l'on ne soit pas tenté d'y voir souvent une libéralité déguisée sous la forme d'un contrat à titre onéreux, a établi cette présomption qu'un tel acte est une donation faite avec dispense de rapport.

Si l'enfant naturel était partie dans un semblable contrat, les donations avec dispense de rapport n'étant pas susceptibles d'être faites à son égard, cette aliénation devrait donc être considérée comme un contrat à titre onéreux, sous la réserve de la preuve contraire faite par tous moyens possibles.

Seules les personnes énumérées dans l'article 908 sont fondées à invoquer l'incapacité de l'enfant naturel. Et encore pour l'invoquer faut-il qu'elles ne soient ni renonçantes, ni indignes, ni écartées pour une autre cause de la succession.

C'est ainsi que des ascendants autres que les père ou mère ne seraient admis à faire aucune réclamation s'ils étaient en présence des frères et sœurs ou descendants d'eux qui les excluent.

Quant à l'institution d'un légataire universel, dont l'effet serait de paralyser l'action des collatéraux privilégiés, elle ne serait d'aucune conséquence fâcheuse pour l'enfant naturel. Que le don perçu par ce dernier soit préciputaire ou en avancement d'hoirie, il le gardera sans avoir à en rendre compte, « le rapport n'étant dû ni aux légataires ni aux créanciers. »

La durée de l'action en nullité de la clause préciputaire sera de trente ans à compter de l'ouverture de la succession. Etant l'accessoire de l'action en partage, elle est associée à son sort et durera autant qu'elle.

2° L'enfant naturel renonce à la succession.

L'avantage de cette interprétation de l'article 908 consistait à ne pas dénaturer ni sortir de leur champ habituel d'application, certaines actions accordées ailleurs par le Code.

Il était plus simple de rester dans les limites indiquées par le législateur et de ne s'aider que du raisonnement pour trancher les difficultés auxquelles pouvait donner lieu la prohibition de l'article 908.

Mais la renonciation de l'enfant naturel va compliquer la situation. L'idée du rapport venait immédiatement à l'esprit en cas d'acceptation, puisque le but de l'article 908 est de prohiber toute clause de préciput, en présence de l'enfant naturel.

L'interdiction va rester telle quelle, mais n'aura plus les mêmes conséquences lorsque l'enfant naturel aura renoncé à la succession. Car, par sa renonciation, il s'est dégagé de l'obligation du rapport.

Il n'y a donc plus lieu de distinguer entre les donations par préciput et celles faites en avancement d'hoirie. Les unes ou les autres seront réduites en ce qu'elles dépasseront la part héréditaire à laquelle l'enfant naturel aurait droit. Mais on ne pourra plus justifier cette réduction en invoquant un rapport auquel il n'est pas soumis.

Quelle action auront les intéressés de l'art. 908 pour faire valoir leurs droits ?

C'est bien une indisponibilité que l'article 908

édicte contre l'enfant naturel ; car on ne sera fixé sur la validité de la donation qu'au décès du donateur. Il n'y a pas lieu de considérer si l'enfant était capable ou incapable au moment où il l'a reçue. Ce qu'il importe de savoir, c'est le montant de la part héréditaire de l'enfant naturel, chiffre qui ne peut être évalué qu'au décès de son auteur. En tant que la donation dépasse cette part héréditaire, la différence constitue cette portion indisponible que l'enfant naturel ne peut retenir lorsqu'il se trouve en présence de parents qui sont en droit de la réclamer.

Cette situation présente, il faut l'avouer, une certaine analogie avec la réduction de l'art. 921. C'est bien aussi au profit de la famille légitime que cette réserve spéciale et supplémentaire de l'article 908 est organisée.

Pourquoi ne pas se servir de l'action en réduction qui aboutit précisément au résultat que l'on voudrait obtenir dans une hypothèse analogue ?

Si le législateur n'avait pas pris la peine d'indiquer limitativement ceux qui peuvent invoquer l'article 908, ce serait, en effet, un moyen sûr et à l'abri de toute contestation juridique.

Mais l'action de l'article 921 n'est donnée qu'aux seuls réservataires. Les collatéraux privilégiés, auxquels l'article 908 donne le droit de critique, ne pourraient pas l'introduire.

Et rien n'autorise à croire que le législateur ait pensé à élargir le champ d'application de l'action en réduction sans s'expliquer plus expressément à ce sujet.

Il faut s'en tenir encore ici à l'article 908 qui offre, à lui seul, un moyen de sanction.

Quand l'enfant naturel renoncera à la succession, les intéressés pourront obtenir le retranchement des donations excessives, par une action en nullité tirée de l'article 908 lui-même. Cette action en nullité est fondée sur la protection de la famille légitime et établit une indisponibilité partielle au profit des héritiers *ab intestat* dont elle sauvegarde les intérêts. Il ne faut pas y voir un motif d'ordre public, car cette raison aurait dû conserver son importance quand il s'agit de libéralités testamentaires faites au profit d'un enfant naturel. Ce qui n'a pas lieu, comme on le verra.

Cette nullité n'est donc établie qu'au profit des intéressés dont le nombre et la qualité sont déterminés avec précision dans l'article 908. Eux seuls peuvent s'en prévaloir et il est à remarquer que ce sont justement les seuls membres de la famille qui, en cas d'acceptation, eussent pu réclamer le rapport.

Mais ils peuvent aussi renoncer à cette action et ratifier par leur silence la donation faite à l'enfant naturel, ce dernier imputera sa donation sur la quotité disponible. Aussi, convient-il de combiner l'art. 908 avec l'art. 845, qui dispose qu'un héritier renonçant peut retenir son don mais seulement dans les limites de la quotité disponible.

Dans le cas où la part de l'enfant naturel se trouverait supérieure à la quotité disponible, il serait réduit aux limites de cette quotité disponible : on ne comprendrait pas pourquoi il serait plus favorablement traité qu'un enfant légitime.

On nous reprochera sans doute, pour interpréter l'article 908, de faire une distinction qui n'existe pas dans la loi, et de résoudre chaque hypothèse séparément, et, par conséquent, d'adopter un système dépourvu d'unité et d'harmonie.

Les solutions simples sont les plus satisfaisantes. Nous n'avons fait que paraphraser l'article 908 dans le cas d'acceptation par l'enfant naturel de la succession du donateur. Nous n'en avons nullement forcé la portée. Nous ne croyons pas non plus que l'on puisse plus aisément réaliser la pensée du législateur. De ce que ce système ne convenait pas en cas de renonciation d'un enfant naturel fallait-il le rejeter ?

L'article 908, quel que soit le parti pris par l'enfant naturel relativement à la succession, lui défend de recevoir plus que sa part héréditaire. La sanction de cette prohibition ne pouvait pas être obtenue par les mêmes moyens, en cas de renonciation qu'en cas d'acceptation. Car la situation de l'enfant naturel quand il est héritier est complètement différente de celle qui lui est faite comme renonçant.

En quoi dès lors est-il illogique que, partant de deux points distincts, on prenne des voies différentes pour arriver au même but.

Pour en terminer avec les donations, rappelons, comme nous l'avions fait pressentir ailleurs, l'abrogation de l'art. 761. Aucune disposition ne l'a remplacé. On ne peut d'ailleurs qu'en féliciter le législateur.

Cet article était inspiré par la haine de l'enfant naturel et n'avait plus sa place dans la législation ; il était inspiré par des raisons d'indignité que l'on ne pourrait plus comprendre. La jurisprudence l'avait d'ailleurs singulièrement aggravé puisque elle admettait que le père et la mère ne pourraient pas seulement réduire leur enfant à la moitié de sa part héréditaire, mais encore à la moitié de sa réserve. La majorité des auteurs s'était d'ailleurs élevée contre cette théorie (1).

Aucune opposition ne s'éleva au sein du Parlement pour effectuer cette réforme. Car depuis très longtemps il était en butte aux plus violentes critiques.

______

(1) Paris, 17 janvier 1865. Dalloz, Rep. *Succession*, p. 190. *Contra*. Demolombe xiv, n° 3. Aubry et Rau. vii, § 686. Laurent, xii, n° 45.

L'art. 9 de la loi du 25 mars 1896 a réglé pour l'avenir les difficultés que l'abrogation de cet article pourrait susciter en ce qui concerne les donations faites antérieurement à la loi et pour le régime de l'art. 761. On peut conclure que les donations faites à l'enfant naturel sous cette condition, pourraient toujours être complétées d'après les articles 758-759-760, qui déterminent la nouvelle étendue des droits successifs de l'enfant naturel.

§ II. — *L'enfant naturel est gratifié par testament.*

Nous avons déjà indiqué pourquoi le législateur avait permis ces libéralités.

Il lui a paru qu'un testament, en raison de sa révocation toujours possible, pouvait moins être l'objet d'une surprise de la volonté qu'une donation irrévocable par essence.

Le père et la mère qui auront reconnu un enfant naturel pourront lui léguer tout ou partie de la quotité disponible, sans toutefois qu'en aucun cas, lorsqu'il se trouve en concours avec des descendants légitimes, l'enfant naturel puisse recueillir plus qu'une part d'enfant légitime le moins prenant.

Avant la loi récente du 25 mars 1898 cette disposition ne s'appliquait aux legs purs et simples, c'est-à-dire faits sans clause de préciput, qu'en cas de renonciation du légataire.

Il n'y avait que les legs faits avec dispense de rapport que l'enfant naturel pouvait recueillir en acceptant la succession à la condition que la valeur du legs et sa part héréditaire ne dépassent pas la part de l'enfant légitime le moins prenant. Le legs qui dépasserait ces limites serait réductible.

Aujourd'hui les legs étant en principe dispensés du rapport, sauf le cas où le testateur les y aurait soumis, c'est le contraire qu'il faut dire : la disposition s'appliquera à tous les legs, sauf à ceux soumis au rapport par le testateur. Mais les descendants légitimes sont seuls admis à les critiquer.

Aussi le texte de l'art. n'impose-t-il ces limites que si l'enfant naturel est en concours avec des descendants légitimes du testateur ; et à supposer que ces descendants soient prédécédés laissant des enfants légitimes, l'enfant naturel se verrait toujours limité à la part qu'il aurait pu recevoir si les descendants du premier degré n'étaient pas prédécédés.

Mais si, au lieu d'être prédécédés, les enfants légitimes du testateur sont renonçants ou indignes, l'enfant naturel qui, légitime, eût empêché les renonçants et les indignes de venir à la succession pourra absorber la moitié de sa succession à titre de part héréditaire.

Aura-t-il encore le droit de retenir une partie de la quotité disponible à titre de legs.

L'article 908 s'oppose à cette solution. En disant que l'enfant naturel ne pourra jamais recueillir plus qu'une part d'enfant légitime, le moins prenant, il est assez explicite.

Le moins que puisse recevoir un enfant légitime est la moitié de la succession, sa réserve quand il est tout seul ; l'enfant naturel ne pourra jamais recueillir davantage lorsqu'il se trouvera des descendants légitimes de quelque degré qu'ils soient qui s'opposeront à lui en vertu de l'article 908.

Hors le cas de concours avec des descendants légitimes, la capacité de l'enfant naturel en matière de legs ne subit aucune atteinte. En présence d'ascendants privilégiés il pourrait recevoir toute la succession, à part le huitième qui constitue leur réserve.

En présence de collatéraux privilégiés nulle restriction n'est apportée à ses droits.

Le défunt pourra, dans son testament, les deshériter complètement en instituant son enfant naturel légataire universel. Quant aux ascendants ordinaires, qui seront en présence de collatéraux privilégiés, et d'un enfant naturel légataire universel, ils n'auront ici aucun moyen d'obtenir leur réserve puisqu'ils ne sont pas héritiers. On sait qu'ils sont exclus par les collatéraux privilégiés, et qu'à moins de renonciation consentie par ces derniers, leur droit de réserve ne leur est d'aucun profit.

Par un singulier effet de l'article 908, le défunt

pourra confirmer par testament une donation faite
à son enfant naturel et que les collatéraux et les
ascendants eussent été en droit de critiquer. Supposons qu'un père ait fait à son enfant naturel une
donation supérieure à sa part héréditaire ; l'article 908, qui eut autorisé à certaines personnes
d'attaquer cette donation, permettra au père de
paralyser cette action s'il le juge à propos.

Il léguera à son enfant l'objet de sa donation.
Cette donation qui aurait été réduite à ce titre sera
confirmée en totalité par un legs. Et cette solution
est en parfaite harmonie avec le vœu du législateur. L'irrévocabilité de la donation a pu lui appa-
raître comme un danger, en raison de l'entraînement irréfléchi qui en a pu être la cause. Mais le
donateur sera lui-même juge de l'utilité et du mérite de cet acte. S'il voit que sa confiance n'a pas
été trompée, s'il voit que l'enfant naturel qu'il a
ainsi gratifié n'a pas abusé de sa générosité, il lui
attribuera plus tard ses biens d'une manière définitive et confirmera une donation qui aurait pu
être réduite. Si, au contraire, il reconnaît que ses
héritiers légitimes ont été injustement dépouillés,
il saura que la loi leur accorde le droit d'attaquer
cette libéralité excessive, et il se fiera à eux du soin
de le faire.

Capacité de l'enfant reconnu au cours du mariage.

L'article 337 a réglé, on le sait, la situation de l'enfant naturel reconnu pendant le mariage au point de vue des ses droits héréditaires. Met-il, en outre, obstacle à toute libéralité en sa faveur. Avant la loi de 1896, l'enfant naturel reconnu dans ces conditions semblait frappé d'une incapacité complète de recevoir résultant de la combinaison des articles 908 et 337. L'article 908 disposait, en effet, que l'enfant naturel ne pouvait rien recevoir au-delà de sa part héréditaire, c'est-à-dire qu'il édictait dans l'hypothèse une incapacité totale lorsque l'enfant naturel se trouvait en présence du conjoint et d'enfants issus du mariage.

Aussi, la plupart des auteurs considéraient-ils que de pareilles libéralités, dont le but certain était de tourner l'article 337, devraient être nulles comme frauduleusement consenties (1) ; on ne peut faire indirectement ce que la loi défend de faire directement. Et permettre à l'époux dont la déloyauté a été formelle, de modifier une situation que la loi impose, dans un but de garantie pour son conjoint, et de protection pour les enfants issus du mariage, serait vraiment inconcevable.

(1) Demolombe, v, 475. Aubry et Rau, vi, § 568. Toulouse, 6 mai 1286, Dall. Rep. Paternité, n° 689.

C'est dans cet esprit, qu'un arrêt de la Cour de Poitiers, trancha la question ; et il dit en substance : « il ne peut dépendre de l'un des époux de changer pendant son mariage le sort de la famille légitime ; en reconnaissant des enfants naturels qui demanderaient une part de ses biens, l'art. 337 a voulu spécialement prémunir l'enfant légitime contre les dispositions qu'une tendresse aveugle pourrait dicter à son père en faveur d'un enfant naturel, disposition qu'il n'aurait pas à craindre en faveur d'un étranger (1). »

Malgré l'autorité des jurisconsultes qui ont adopté cette opinion, et l'indiscutable argumentation dont ils l'ont soutenue, cette théorie n'avait pas rallié tous les suffrages de la doctrine et n'avait pas été consacrée par la jurisprudence.

Le point de départ était contesté.

L'art 337, disaient les adversaires de ce système, ne doit pas être combiné avec l'article 908. Il faut l'interpréter seul et voir quel est son sens précis. A quoi tend-il en effet ? à supprimer pour l'enfant naturel reconnu au cours du mariage les droits à la part héréditaire que lui donne la reconnaissance. Jamais sa présence ne pourra diminuer les droits du conjoint ni réduire la part héréditaire de ses frères et sœurs légitimes.

_____

(1) Poitiers, 4 mai 1858. D. 1859-2-122.

L'article 337 n'a pour but que de paralyser, dans certaines circonstances, les effets de la reconnaissance.

Comment peut-on raisonnablement prétendre qu'il puisse atteindre un acte qui, comme la donation ou le legs, n'est dû qu'à l'affection d'un père pour son enfant et qui n'a aucun rapport juridique avec la reconnaissance simple preuve de filiation ?

La liberté entière d'aliéner à titre gratuit au profit d'un enfant naturel eut constitué un danger pour la famille légitime. L'article 908 fut créé pour prévenir les effets d'un aveugle entraînement ; il réduisit la capacité de recevoir de l'enfant naturel, mais il ne vise que le cas où l'enfant a une part héréditaire, et renvoie, pour fixer les limites de cette incapacité, aux seules dispositions visant ses droits de succession. L'article 337 est donc resté hors des vues du législateur.

Mais comment faudra-t-il interpréter l'article 908 lorsque l'enfant naturel n'a pas de part héréditaire c'est-à-dire lorsqu'il est privé des droits que lui attribue la reconnaissance ? Faut-il reconnaître au père le droit de réduire à néant la prescription de l'article 337.

Un arrêt de la Cour de cassation semble le laisser entendre. « La libéralité faite par donation ou par testament à l'enfant naturel aura pour conséquence de lui conférer indirectement un droit que

le législateur lui a dénié dans la succession ; mais
il ne viendra pas le recueillir au même titre qu'un
étranger. Etendre la disposition de l'article 337
au legs fait à l'enfant naturel, c'est sortir des
termes de cet article qui ne denie l'effet nuisible
qu'à la reconnaissance, c'est-à-dire aux droits que
la reconnaissance, emporte avec elle (1) ».

D'après ce système, l'enfant naturel n'est plus
que donataire ou légataire et ne peut être gratifié
que dans les limites de la quotité disponible sur
laquelle porteront aussi d'autres libéralités faites
à des tiers pour le père naturel. Les enfants légitimes ne sont pas atteints dans leur réserve,
puisque l'enfant ne figurera pas au nombre des
héritiers.

Quel était le but du législateur. Ce n'était pas
de frapper l'enfant naturel. Il n'avait d'autre intention que de protéger les enfants légitimes et de
ne pas faire souffrir le conjoint des suites d'une reconnaissance faite dans de telles conditions.

Ce résultat n'est-il pas obtenu lorsque le conjoint et les enfants légitimes se trouvent dans la
même situation que vis-à-vis d'un étranger?

Tels étaient les deux systèmes en présence avant
la loi du 25 mars 1896. La doctrine était, en général,
restée irréductiblement fixée au premier. La ju-

(1) Cass. 28 juin 1878. D. 1878-1-401.

risprudence paraissait tendre à consacrer le second.

L'article 908 a été remanié par la nouvelle loi. Les arguments tirés de cet article ont dû être par suite modifiés.

D'ailleurs, le législateur, disons-le immédiatement, a renoncé à intervenir dans la discussion, et a laissé à la jurisprudence le soin de trancher ces difficultés. Car, comme un sénateur, M. Thezard, faisait entendre que la nouvelle rédaction de l'article 908 confirmerait certainement la jurisprudence dans sa tendance à autoriser le père naturel, à éluder l'article 337, il fut répondu par le rapporteur de la loi au Sénat : « Nous laissons à la jurisprudence ce soin de trancher comme elle l'a fait jusqu'ici une foule de questions que nous ne saurions résoudre, sans nous jeter dans des difficultés plus grandes et sans exposer les tribunaux par un texte nouveau à des embarras plus considérables (1) ».

Nous croyons donc que l'incapacité de l'enfant naturel reconnu au cours du mariage est singulièrement amoindrie depuis la nouvelle loi. Le père naturel qui voit que la reconnaissance n'attribuerait ici aucun droit à son enfant naturel, pourra lui restituer par libéralités la part héréditaire que l'article 337 lui supprime.

(1) *J. Off.* 22 juin 1895. *Débats parlementaires Sénat,* p. 656 et suivants.

Nous pensons même que cette incapacité ne pourra être invoquée quant aux donations que par les héritiers légitimes, le conjoint ne figurant pas au nombre des personnes que l'article 908 énumère limitativement.

Pour ce qui est des libéralités testamentaires, nous croyons que les partisans de la doctrine ne peuvent plus tirer de l'article 908 un argument contre l'enfant naturel, puisque ce dernier peut, en général, recevoir en plus de sa part héréditaire tout ou partie de la quotité disponible. L'enfant naturel reconnu au cours du mariage peut, donc recevoir des legs de ses père et mère à la double condition qu'ils n'excèdent ni la quotité disponible ni une part d'enfant légitime le moins prenant.

Dans les cas contraires, les héritiers réservataires pourraient les attaquer comme excessives. Par où l'on voit que la capacité de l'enfant naturel reconnu dans les conditions de l'article 337 n'est pas la même que celle d'un tiers quelconque, puisque la reconnaissance produit contre lui tous les effets qui sont étrangers à ses droits héréditaires. Il serait d'ailleurs illogique qu'il fut dans une situation meilleure que s'il avait été reconnu avant le mariage.

On ne manquera pas de dire, contre cette opinion, qu'à une incapacité de succéder doit corres-

pondre une incapacité de recevoir. C'est une tra-
dition dans notre droit sur laquelle les partisans
de la doctrine s'appuieront encore pour contester
la validité de libéralités quelconques faites à l'enfant naturel visé par l'article 337.

Ils se garderont d'invoquer l'article 908 qui
dans cette hypothèse ne leur serait d'aucune utilité ; cette espèce diront-ils ne peut être exclusivement régie que par l'article 337 et les principes
généraux du droit.

Le conjoint et les enfants nés du mariage pourront alors faire annuler les libéralités faites à
l'enfant naturel. Et il faut bien dire que cette opinion puise une certaine vraisemblance dans les
travaux préparatoires où l'on ne voit nulle part
l'intention du législateur d'abroger implicitement
et en fait l'article 337.

Quoiqu'il en soit, la controverse ne s'est pas
éteinte depuis la nouvelle loi. C'était d'ailleurs
l'intention du législateur de ne pas s'immiscer
dans la solution de cette question. Nous persis-
tons à croire que la jurisprudence restera fidèle à
l'orientation que l'arrêt de 1878 avait si clairement
indiquée et qu'elle consacrera dans l'avenir une
interprétation que pour notre part nous pensons
justifiée.

CHAPITRE III

DES CONSÉQUENCES GÉNÉRALES DE LA LOI

Telles sont, dans leur ensemble, les modifications apportées par la loi de 1896 aux droits successoraux de l'enfant naturel. Les efforts du législateur ont-ils été heureusement dirigés? les intérêts de l'enfant naturel ont-ils été bien compris ?

L'attribution de la qualité d'héritier qui lui était refusée, constitue pour l'enfant naturel la réforme la plus considérable ; mais il semble certain que les conséquences de ce principe ont paru trop graves pour être admises. Nous avons vu que le législateur n'avait pas consenti à aller jusqu'au bout de la voie qu'il avait ouverte.

Placé entre la famille légitime et l'enfant naturel, ou disons-le, entre le mariage et la reconnaissance — il n'a pas cru devoir consacrer une distinction dans la nature des droits qui découlent de l'un et de l'autre ; l'enfant légitime est héritière de son père, par le mariage, la reconnaissance donnera ce titre à l'enfant naturel. Les liens qui unissent l'enfant légitime à son père sont les mêmes que ceux qui rattachent l'enfant naturel à son auteur. Mais la reconnaissance ne produit que des effets individuels personnels qui se limitent à celui qui en est l'objet et celui qui l'a consentie. — Tandis que la filiation légitime constitue, grâce au mariage, une chaîne dont les anneaux se relient sans interruption.

Le principe de la qualité d'héritier remonte certainement à une idée de copropriété familiale, et c'était hier encore un titre attribué dans l'ordre de la succession *ab intestat* et celui des membres de la famille dont le degré se rapprochait le plus du défunt. Sans une disposition formelle du Code, l'enfant naturel n'aurait jamais pu venir comme héritier à la succession de son auteur.

La loi de 1896 a créé cette disposition, et accorde ce titre à l'enfant naturel. — Il est héritier de son père comme les enfants légitimes. — Il vient à la succession comme eux et avec eux. — Les liens qui le relient au *de cujus* sont ceux que peuvent invoquer les héritiers avec lesquels il concourt. L'enfant naturel entre dans la famille. Tel est le résultat de la reconnaissance. Il n'y a pas de distinction juridiquement possible. Ce qu'il recueille des biens de son auteur peut différer en quotité de la part que recueillent ses cohéritiers. Mais le titre en vertu duquel il est appelé, est identique au leur.

La situation morale de l'enfant naturel s'en est accrue. C'est une amélioration incontestable de sa condition : mais les effets de la filiation naturelle deviennent si graves qu'il est à craindre que le nombre de reconnaissances n'en soit par suite diminué.

Lorsqu'on n'engageait que soi-même et ses biens, on ne reculait jamais devant un devoir qui s'imposait à la conscience, mais dès qu'avec soi, on engage l'avenir, les enfants qu'un mariage peut faire naître — et en tous cas les parents immédiats dont les droits seront atteints, — la responsabilité qui se dégage d'un pareil acte est autrement lourde et réclame un examen attentif et réfléchi.

Il n'y a pas à dissimuler. C'est un étranger qu'on fait entrer dans la famille, qui exercera ses droits sans les tempérer par les ménagements que l'affection et les habitudes de vie commune apportent nécessairement au règlement d'aussi délicates questions. — Le père hésitera et reculera peut-être devant les conséquences de la reconnaissance. Il aimera mieux au moyen des libéralités, améliorer la situation de son enfant et le garantir du dénuement pour l'avenir, que lui permettre d'intervenir en maître dans sa succession.

Est-ce bien là où ont voulu aboutir les efforts du législateur ?

Et en tant que la reconnaissance doit conduire d'après les principes de la morale et de la justice à une légitimation toujours désirable, voit-on que la loi en ait favorisé la réalisation et même en ait suscité la nécessité?

Rien n'est moins certain, au contraire. — Plus on accorde d'étendue à la reconnaissance plus on éloigne de la légitimation. L'avenir d'un enfant que la reconnaissance n'eut pas assuré par elle-même, eut déterminé son auteur à sacrifier à sa situation, à son rang, à sa liberté d'action et l'eut conduit par un mariage subséquent à légitimer son enfant. — Est-ce quand la reconnaissance procure à celui qui en est l'objet les mêmes prérogatives, ou peu s'en faut, d'un héritier ordinaire, que la légitimation s'imposera. Croit-on que le cri de la conscience, que le rachat d'une faute soient assez forts pour déterminer à un mariage, alors qu'on sait que la loi a sauvegardé l'enfant naturel non seulement de la misère, mais d'une disproportion exagérée entre la situation de son auteur et la sienne. Non, il ne semble malheureusement que trop certain que la loi a manqué ici son but. Nous croyons qu'elle détournera de la reconnaissance, et nous sommes encore plus persuadés que s'il y a eu reconnaissance, l'intérêt de l'enfant naturel ne sera pas à lui seul assez fort pour engager à la légitimation.

Le législateur n'a donc pas réalisé, pratiquement, une réforme bien heureuse. L'abrogation partielle de l'art. 908 et celle de l'art 761 allègent bien la condition de l'enfant naturel d'entraves qui paraissaient injustifiables aux yeux de tous, mais les autres modifications ne sont pas faites pour ménager ses intérêts. Leur effet reste toujours soumis à la volonté du père naturel. — Il peut hésiter étant donné la gravité actuelle de la reconnaissance. Et s'il se trouve surpris, sans avoir pu prendre des dispositions définitives en faveur de cet enfant, que deviendra le sort de ce dernier?

Cet effet extensif de la reconnaissance se présente seulement par l'inconvénient pratique que nous venons d'exposer. Il offre une conséquence bien autrement grave : c'est de transformer la notion de famille et d'y introduire une contradiction.

La famille, telle que le Code l'avait comprise, n'a pas d'autre source que le mariage. Il constitue le principe essentiel d'une organisation qui est le reflet de l'antique copropriété familiale. Le droit au patrimoine héréditaire qui est attribué aux membres de la famille, ne se comprend qu'avec les liens étendus que crée la consanguinité.

La société ne peut que gagner à être composée d'agglomérations partielles, de chacune desquelles se dégage une pensée et une force communes, et.

n'a pas à favoriser spécialement le développement d'isolés dont on doit assurer certainement l'avenir, mais qu'il faut écarter du partage des biens familiaux.

Aussi, le Code n'avait-il pas voulu identifier les liens qui sont produits par la reconnaissance et ceux qui découlent du mariage.

Cette idée de la famille et de la place qu'il convenait d'affecter à l'enfant naturel, se soutenait très bien dans son ensemble, et semblait d'une harmonie parfaite.

La loi de 1896 va l'ébranler et la disloquera, si l'on peut employer cette expression. Les liens de famille vont également naître du mariage et de la reconnaissance. Mais les droits qui leur seront attachés, identiques dans leur nature, seront différents par leur étendue. Voilà une contradiction qui ne se soutient pas plus qu'elle ne s'explique.

Les droits qui découlent de la reconnaissance attirent les mêmes prérogatives que ceux qui proviennent du mariage. Comment peut-on justifier le législateur, qui a créé une identité entre les deux droits, mais qui a refusé de consacrer la conclusion nécessaire de ce système : l'égalité entre l'enfant légitime et l'enfant naturel. Il n'y a pas, en effet, deux espèces de liens de famille, ceux qui viennent de la reconnaissance et ceux que créé l'union légitime. Les origines sont différentes mais

les droits sont les mêmes. Pourquoi cette contradiction.

La notion de famille comporte donc actuellement
une distinction inapplicable et injustifiable. Puisqu'on admettait l'enfant naturel comme héritier,
comme membre de la famille de son auteur,
il fallait aller jusqu'au bout et ne pas limiter ses
droits. Il ne fallait pas le mettre hors de l'égalité
pour des raisons d'indignité qui sont inadmissibles.
Le législateur le proclame héritier, mais les prérogatives de ce titre lui sont refusées en partie.

Telle est l'anomalie que nous avions laissé prévoir. Le système du Code était entier et parfait
dans l'ensemble. Le législateur de 1896 l'a complètement modifié et la notion de famille comporte
actuellement une contradiction, qui ne sera effa-
cée que le jour ou la la loi adoptera toutes les
conséquences du principe qu'elle a posé.

La réforme actuelle est incomplète. Ce n'est
qu'une amélioration provisoire qui doit être suivie
a brève échéance de la transformation définitive.

La voie dans laquelle est entré le législateur
l'oblige à imposer sans réserves à l'enfant légitime
le concours de son frère naturel. Que deviendra
alors la famille légitime? Il n'est pas exagéré de
prévoir qu'atteinte dans sa base, elle ne gardera plus qu'un prestige insuffisant pour assurer
sa force. L'union libre, affranchie de formalités,

aura au contraire l'avantage que lui donnent l'absence du caractère d'indissolubilité, et la possibilité d'une liberté toujours facile à reprendre. Mais quelle éducation et quels soutiens auront les enfants nés de ces unions temporaires, et à qui des deux parents imposer la charge de veiller aux besoins de l'enfance.

Quel avertissement donne dès à présent le nombre de ces abandonnés que l'Etat recueille et qui sont vraiment les deshérités de la vie ! D'où viennent-ils ? à qui doivent-ils le jour ? Le hasard est des coupables le plus facile à retrouver et à accuser.

C'était donc un tort du législateur de 1896, d'avoir, pour améliorer la situation de l'enfant naturel, voulu toucher à la famille légitime et surtout d'avoir toujours eu en vue un parallèle entre l'enfant légitime et l'enfant naturel. Il a brouillé les éléments, et n'a obtenu que de la confusion comme résultat.

Il est inexact de croire que le seul fait de la naissance donne à l'enfant quel qu'il soit le droit d'hériter de ses père et mère de par la loi. L'obligation qui résulte de la naissance n'est pour les parents que de pourvoir par l'éducation à tous les besoins de leur enfant et de le rendre capable de donner par lui-même un effort utile aux jours dont il dispose.

Le droit au patrimoine familial par lequel la

loi complète la personnalité des enfants légitimes, n'est pas seulement, comme on l'a dit, une attribution qui n'a d'autre fondement que l'affection présumée du défunt. S'il en était ainsi, des enfants naturels pourraient bénéficier de la même présomption.

C'est le résultat d'un autre principe : la force et la vitalité de la famille légitime qui sert de base à l'ordre social veulent que les biens qui ont été amassés d'une génération à une autre soient transmis et conservés au profit de ceux dont la naissance par le mariage a constitué les membres permanents de la famille. Qu'est donc l'enfant naturel par rapport à la famille? un étranger, qui jamais ne la consolidera de son appui. Qu'y a-t-il alors de singulier à ce qu'il soit négligé dans la distribution des biens familiaux et que la loi s'oppose même à ce que les forces vives de la famille puissent être dispersées à son profit.

La loi du 25 mars 1896 a donc dépassé son but en faisant de l'enfant naturel un héritier. Elle a oublié que le droit à la succession se puisait dans l'idée de copropriété familiale que rappelle à beaucoup de points de vue la famille légitime actuelle.

Le simple fait de la reconnaissance ne peut l'attribuer à l'enfant naturel. Mais il fallait encourager son auteur à les lui faire obtenir par les

moyens (légitimation-adoption) que la loi met à
sa disposition. — L'enfant naturel ne devait être
encore soumis à aucune incapacité de recevoir
entre vifs ou par testament; mais il puisait dans
la reconnaissance que le seul droit de réclamer de
ses auteurs l'entretien et l'éducation.

Voilà par quels moyens il eût été plus rationnel
d'améliorer la condition des enfants naturels. Le
sentiment du devoir eût paru d'autant plus impé-
rieux à leur auteur qu'il dépendait de sa seule volonté. Le père naturel aurait eu d'autant plus souci
de la dignité et du bien-être de son enfant que la loi
lui en abandonnait entièrement la responsabilité
et la charge. Mais en même temps qu'elle rendait
à l'enfant illégitime la capacité entière de recevoir,
elle dictait à son auteur quel était son devoir et
lui indiquait tacitement la voie qu'il devait suivre
pour réparer au profit de son enfant le préjudice
que lui causait sa naissance.

Le législateur a consacré un système tout à fait
opposé. Nous avons dit qu'il ne favorisait ni la reconnaissance et ni la légitimation : il nous semble
que le dernier effort que pourront tenter les défenseurs de l'enfant naturel, la recherche de la
paternité est condamné d'avance à l'insuccès.
En effet, plus les droits accordés à la reconnaissance seront étendus, plus on doit se montrer ri-
goureux pour les moyens de prouver la filia-

tion. Il est à remarquer dans l'histoire du droit que au fur et à mesure des progrès accomplis en faveur de l'enfant naturel, des dispositions spéciales ont rendu plus difficile la reconnaissance forcée. C'est ainsi que la recherche de la paternité qui, dans l'ancien droit, ne donnait lieu à aucune formalité, fut organisée avec un soin méticuleux sous le Droit intermédiaire.

Et on peut affirmer qu'avec les dispositions actuelles qui régissent la situation des enfants illégitimes, il sera bien difficile de faire aboutir un projet de loi sur la recherche de la paternité. Ce problème a soulevé trop de débats passionnés pour que nous nous y arrêtions. Il est d'ailleurs hors de notre sujet puisque la loi de 1896 ne le pressent même pas. Disons cependant que les données récentes de la science ne permettent nullement de supposer que de sitôt on puisse acquérir une certitude absolue de paternité. Cette certitude ne peut résulter que du mariage et de l'article 340, et encore ici c'est une présomption légale qui la constitue. En dehors du mariage il est donc matériellement impossible de résoudre la question, des coïncidences même pertinentes ne pouvant pas permettre au juge de fonder sa conviction. Cette procédure, en raison des prérogatives considérables attachées à la loi de 1896 à la qualité de l'enfant naturel, pourrait se répéter souvent et donner lieu à des débats scandaleux : Celui qui l'introduirait ne courrait pas de risques en rapport avec la honte qui pourrait couvrir celui contre lequel elle serait dirigée, alors qu'il en sortirait même absous. Qu'on ajoute à cela les manœuvres d'intimidation et de chantage qui accompagnent le plus souvent ces procès dans les pays où la libre recherche est admise, et on conviendra du danger d'accorder de pareilles actions sans en restreindre les cas d'applications et sans les soumettre à des conditions si rigoureuses qu'elles en perdraient du coup presque toute leur utilité.

APPENDICE

LÉGISLATIONS ÉTRANGÈRES

On peut ramener à trois types principaux les différentes solutions que les codes étrangers apportent à la question des droits de l'enfant naturel.

Dans un premier groupe, on comprendra les législations qui reconnaissent à l'enfant un droit successoral sur les biens de ses deux auteurs.

Le second comprendrait celles qui ne reconnaissent ce droit que sur les biens d'un seul de ses auteurs.

Dans le troisième seraient classées celles qui n'attribuent à l'enfant naturel qu'une créance alimentaire.

Nous constaterons quels sont les pays qui permettent la libre recherche et nous reconnaîtrons ainsi d'une manière empirique que cette action est d'autant plus aisément accordée que les droits qu'elle fait naître sont moins étendus.

I. Législations qui reconnaissent à l'enfant naturel un droit de succession sur les biens de ses deux auteurs.

Les législations qui ne font aucune distinction entre les deux auteurs sont plus ou moins inspirées du Code civil français. C'est, l'Espagne, l'Italie, la Belgique, la Hollande, quatre cantons de Suisse, Genève, Neufchâtel, de Vaux, le Tessin, le Portugal.

Pour tous ces Codes, la recherche de la paternité est interdite. Le droit de l'enfant naturel est sensiblement équivalent de celui de l'enfant légitime en ce qui concerne la nature et la quotité.

La Belgique adopte les dispositions du Code civil. Mais la Hollande, tout en conservant un système analogue, a admis l'enfant naturel au titre d'héritier et lui a attribué une réserve invariable de la moitié de sa part *ab intestat*. Cette législation n'a pas reproduit non plus l'art. 761, et elle reconnaît à l'enfant naturel une capacité de recevoir entière, relativement aux libéralités entre vifs, mais lui interdit de recueillir quoi que ce soit sous forme de legs. C'est le système complétement opposé du nouvel art. 908.

Les Codes italien et espagnol écartent l'enfant

naturel du partage de la succession. Une disposition permet en effet aux enfants légitimes et à leurs descendants de payer la quote part revenant aux enfants naturels.

Mais les droits accordés sont différemment entendus dans l'un et l'autre Code. En concours avec des descendants, l'enfant naturel recueille, d'après la loi Italienne, la moitié de la part qui lui serait revenue comme légitime. En présence d'ascendants et du conjoint, un tiers de la succession est attribué aux premiers, un quart au conjoint, l'enfant naturel recueille le surplus. Il exclut en outre tous les collatéraux sans distinction.

La réserve que la loi lui attribue (de moitié en présence des descendants, et des 2/3 dans les autres cas de celle qu'il y aurait eu comme légitime), doit toujours être prélevée sur la quotité disponible, et ne peut en aucun cas diminuer la réserve des légitimes (818).

La capacité de recevoir entre vifs ou par testaments est strictement limitée à sa part héréditaire (746-768).

Le Code Espagnol fait varier en principe la quotité attribuée à l'enfant naturel selon la qualité des héritiers avec lesquels il concourt. En présence de descendants légitimes, l'enfant naturel reçoit désormais une part égale à la moitié de celle des légitimes. Mais cette part s'imputera toujours sur la quotité disponible (art. 840) qui est du 1/3 de la succession.

En concours avec des ascendants légitimes, les enfants naturels quel que soit leur nombre prendront la moitié de la portion disponible, ce qui fera le 1/4 (841-809).

Même en présence du conjoint, l'enfant naturel n'a droit qu'à une réserve qui se prélève encore sur la quotité disponible. Les enfants naturels sont donc assimilés à des étrangers, puisque leur présence ne réduit, ni les enfants légitimes, ni les ascendants, ni le conjoint. Cette imputation de la part de l'enfant naturel est spéciale au Code Espagnol. On la retrouve bien dans le Code Italien, mais sans une application aussi générale.

La présence des collatéraux, qu'ils soient même frères et sœurs n'est d'aucune influence sur la part des enfants naturels, ils recueillent ici la totalité de la succession.

II. — Législation qui font une distinction entre les successions des deux auteurs.

Cette seconde catégorie comprend des législations qui empruntent sans doute au droit romain la distinction qu'il avait adoptée entre la succession du père et de la mère naturels. Nous verrons certaines législations qui n'admettent l'enfant naturel qu'à la succession de sa mère et qui lui permettra cependant dans des cas exceptionnels de recueillir une quote part de la succession paternelle.

Quoi qu'il en soit, elles présentent à peu près les caractères suivants :

1° L'enfant naturel est assimilé à l'enfant légitime dans la succession de sa mère.

2° La recherche de la paternité est admise sans distinction.

3° A l'encontre du père, l'enfant ne peut agir que pour une créance alimentaire.

La plupart des pays germaniques consacrent ce système. La Bavière cependant n'admet pas la première règle d'une manière absolue. Dès qu'il y a des descendants légitimes, l'enfant naturel n'a droit qu'à une fraction de la succession. Au contraire, ils ne sont admis qu'à la succession paternelle qu'à défaut de tous parents légitimes.

Dans les cantons de Suisse, de Glaris et d'Argovie, l'enfant naturel est assimilé dans la succession de la mère à l'enfant légitime. En ce qui concerne la succession paternelle, la troisième règle n'est nullement suivie, l'enfant naturel recueille une quote part des biens de son père ; ce système qui comporte en outre la libre recherche est le plus avantageux qui ait jusqu'ici constitué la condition des enfants naturels.

L'Autriche, la Saxe, les cantons de Suisse de Lucerne, Zurich, Grisons, Saint-Galles, Zug, Schaffouse et Turgarie, n'accordent de droits que sur la succession de la mère.

Le droit norwégien présente la singularité de ne permettre à un enfant naturel de ne venir comme héritier à la succession de son père qu'autant que celui-ci l'a lui-même reconnu. La recherche de la paternité qui est autorisée dans cette législation ne serait d'aucun effet pour créer un droit successif. Le père peut d'ailleurs fixer lui-même dans l'acte de reconnaissance l'étendue de ce droit, et au cas où il l'aurait négligé, il est supposé avoir laissé à son enfant tout ce que la loi lui permettait.

Certaines législations germaniques vont jusqu'à accorder à l'enfant un droit de succession sur les parents de sa mère. En Bavière, pour que ce droit puisse s'ouvrir, il faut qu'il n'y ait aucun parents légitimes. En Saxe, il peut être exercé sans conditions.

La libre recherche de la paternité admise dans toutes ces législations peut être paralysée par l'exception *plurium constupratorum*.

TROISIÈME GROUPE.

L'enfant naturel n'a aucun droit de succession.

La Grande-Bretagne, la Russie les cantons de Suisse, Bern, Uri Schwitz Oberwalden n'accordent à l'enfant naturel qu'un droit alimentaire, quelques preuves qu'il puisse apporter de sa filiation.

Aussi, la libre recherche de la maternité ou de la paternité est-elle admise sans contestation.

Le droit successif en Angleterre ne peut être créé que par le mariage. L'enfant naturel est un étranger et ne peut jamais se relier à son auteur par des droits de famille.

La reconnaissance et la légitimation par mariage subséquent sont interdits, seule est admise une légitimation par un acte du Parlement.

La législation Russe se montre d'une rigueur analogue, les droits successifs des liens de parenté ne sont pas reconnus à l'enfant naturel. En cas de mariage, déclaré nul et ou la bonne foi des époux est évidente, une intercesison auprès du souverain peut permettre aux enfants de recueillir une part de leur succession. Car, nulle reconnaissance ou légitimation ne pourrait avoir cet effet.

Vu, le Président

LÉON MICHEL.

Vu, par le doyen

GARSONNET.

Vu et permis d'imprimer :

Le Vice-Recteur de l'Académie de Paris,

GRÉARD.

NOTICE BIBLIOGRAPHIQUE

OUVRAGES DE FOND

Aubry et Rau. — Cours de droit civil français, 4e édition.
Baudry-Lacantinerie et Colin. — Traité théorique et pratique de
  droit civil. Des donations et testaments.
Baudry-Lacantinerie et Wahl. — Traité théorique et pratique de
  droit civil. Des successions.
Demante. — Cours analytique de Code civil, continué depuis
  l'article 980 par Colmet de Santerre, 2e édition 1800-1885.
Demolombe. — Cours de Code Napoléon.
Duranton. — Cours de droit français suivant le Code civil.
Laurent. — Principes de droit civil français, 3e édition.
Marcadé. — Explication du Code Napoléon, 5e édition.

JURISPRUDENCE

Dalloz. — Répertoire méthodique et alphabétique de législation
  de doctrine et de jurisprudence.
Jurisprudence générale, recueil périodique et critique de jurisprudence, de législation et de doctrine.

TRAITÉS SPÉCIAUX, COMMENTAIRES DE LA LOI DU 25 MARS 1896.

Alard (Paul). — Condition et droits des enfants naturels, étude
  de la proposition de loi votée par le Sénat le 27 juin 1895 sur
  le droit successoral des enfants naturels. Paris, Thorin et
  fils, 1896.

CAMPISTRON (L.). — Des droits successoraux des enfants naturels reconnus, d'après la loi du 25 mars 1895. A. Rousseau, 1896.

COULON (Henri). — De la condition des enfants naturels reconnus dans la succession de leurs père et mère. — Marchal et Billard, 1896.

HENRY (Paul). — Commentaire de la loi du 25 mars 1896. Revue du notariat et de l'enregistrement, 1896, p. 313 et suiv.

MESNARD (E.). — Commentaire de la loi du 25 mars 1896. — Lois Nouvelles, Revue de législation et de jurisprudence, 1895, 1re partie, p. 177 et suiv.

VIGIÉ (A.). Loi du 25 mars 1896. — Revue critique de législation et de jurisprudence, 1896, p. 270 et suiv.

CHÉNON. — Droits successifs des enfants naturels en concours avec des enfants légitimes.

DROIT ÉTRANGER

BELTJENS (G.). — Les Codes belges annotés. Code civil. Bruxelles, Bruylant Christophle et Cie, 1880.

A. BRAUN, TH. M. HEGENER et EM. VER HEES. — Traité pratique de droit civil allemand. Paris. Chevalier Maresq et Cie, 1893.

DE LA GRASSERIE (Raoul). Les Codes suédois de 1734. Paris, A. Durand et Pedone-Lauriel, 1895.

HUC (Th.). — Le Code civil italien et le Code Napoléon, 2e édition. (Tome II, traduction du Code civil italien par Joseph Orsier). Paris, Cotillon, 1868.

G. LANEYRIE et JOSEPH DUBOIS. — Traduction du Code civil portugais de 1867. Paris, Imprimerie nationale, 1896.

LEHR (Ernest). — Eléments du droit civil russe. Paris, E. Plon et Cie, 1877.

LEHR (Ernest). — Eléments de droit civil anglais. Paris, Larose, 1885.

LEVÉ (A.). — Code civil espagnol promulgué le 24 juillet 1889. Paris, G. Pedone-Lauriel, 1890.

TRIPELS. — Traduction des Codes néerlandais. Paris, Pedone, 1886.

TABLE DES MATIÈRES

SECTION II

Le de cujus a fait des dispositions à son conjoint.

SECTION III

**Le de cujus a fait des dispositions en faveur des enfants
naturels.**

CHAPITRE III

CONSÉQUENCES GÉNÉRALES DE LA LOI

La nouvelle loi a-t-elle bien entendu les intérêts des
enfants naturels. — A-t-elle favorisé la reconnaissance. — Et en tant que la reconnaissance produit
de tels effets, de quelle utilité serait désormais la
légitimation au point de vue des enfants.

APPENDICE

SAINT-AMAND, CHER. — IMPRIMERIE SCIENTIFIQUE ET LITTÉRAIRE, BUSSIÈRE FRÈRES.

www.ingramcontent.com/pod-product-compliance
Ingram Content Group UK Ltd.
Pitfield, Milton Keynes, MK11 3LW, UK
UKHW020834120726
13693UKWH00002B/656